VIVIAN STEINBERG

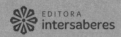

SÉRIE LITERATURA EM FOCO

DIALÓGICA

O selo DIALÓGICA da Editora InterSaberes faz referência às publicações que privilegiam uma linguagem na qual o autor dialoga com o leitor por meio de recursos textuais e visuais, o que torna o conteúdo muito mais dinâmico. São livros que criam um ambiente de interação com o leitor – seu universo cultural, social e de elaboração de conhecimentos –, possibilitando um real processo de interlocução para que a comunicação se efetive.

Literatura
estrangeira em
língua portuguesa

Dados Internacionais de Catalogação na Publicação (CIP)
(Câmara Brasileira do Livro, SP, Brasil)

Steinberg, Vivian
Literatura estrangeira em língua portuguesa/Vivian Steinberg.
Curitiba: InterSaberes, 2015. (Série Literatura em Foco).

    Bibliografia
    ISBN 978-85-443-0136-4

    1. Língua estrangeira 2. Linguística 3. Literatura 4. Língua portuguesa 5. Português – Estudo e ensino 6. Professores – Formação 7. Língua estrangeira – Estudo e ensino I. Título. II. Série.

14-11341   CDD-469.07

Índice para catálogo sistemático:
1. Português: Estudo e ensino 469.07

Rua Clara Vendramin, 58 • Mossunguê • CEP 81200-170 • Curitiba • PR • Brasil
Fone: (41) 2106-4170 • www.intersaberes.com • editora@editoraintersaberes.com.br

Dr. Ivo José Both (presidente);
Dr.ª Elena Godoy; Dr. Nelson Luís Dias;
Dr. Neri dos Santos; Dr. Ulf Gregor Baranow •
conselho editorial

Lindsay Azambuja • editora-chefe

Ariadne Nunes Wenger • supervisora editorial

Ariel Martins • analista editorial

Gustavo Ayres Scheffer • preparação

Denis Kaio Tanaami • capa

Ingram • imagem de capa

Raphael Bernadelli • projeto gráfico

1ª edição, 2015.

Foi feito o depósito legal.

Informamos que é de inteira responsabilidade da autora a emissão de conceitos.

Nenhuma parte desta publicação poderá ser reproduzida por qualquer meio ou forma sem a prévia autorização da Editora InterSaberes.

A violação dos direitos autorais é crime estabelecido na Lei n. 9.610/1998 e punido pelo art. 184 do Código Penal.

sumário

dedicatória, vii

agradecimentos, ix

epígrafe, xi

prefácio, xiii

apresentação, xvii

organização didático-pedagógica, xxiv

introdução, xxvi

um   Origens e consolidação da língua e da literatura portuguesa, 31

dois   Renascimento, maneirismo e barroco, 73

três   Romantismo e realismo, 133

quatro   Modernismo, 177

cinco   Noções de literatura africana de língua portuguesa, 253

considerações finais, 281

referências, 285

bibliografia comentada, 297

respostas, 307

sobre a autora, 309

{

dedicatória

À Cris.

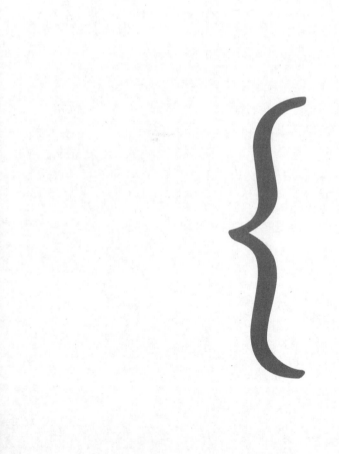

agradecimentos

Agradeço aos poetas.

{

epígrafe

Existimos sobre o anterior.

Fiama Hasse Pais Brandão

{

prefácio

*[...] até o oco do eco do meu pulsar (a que caetano
deu som) ressoa um pouco do 'eco que oco coa' da
voz de pessoa. não se trata de um poeta português.
é o único poeta de língua portuguesa que suporta
comparação com os maiores seus contemporâneos,
um pound, um joyce, um borges. transportuguês,
universal, pessoa – há muito – é também nosso.
coisa nossa.*

Augusto de Campos

❡ VIVIAN STEINBERG, EM seu *Literatura estrangeira em língua
portuguesa*, desenha um arco que se espraia de modo sensível e
percuciente pelas paisagens literárias de Portugal e de alguns
países africanos, como Angola e Moçambique. Mas tal arco, também, incide e dialoga com alguns autores da literatura brasileira.

Inicialmente, a autora esclarece e conceitua aspectos da língua portuguesa, no que esta se perfaz como fonte de inspiração, discussão sobre o seu percurso histórico, assim como no seu fazer literário, tanto em autores portugueses quanto em autores africanos e brasileiros. Efetua tal discussão quando se debruça em comentários sobre a composição *Língua* (1984a), do compositor brasileiro Caetano Veloso. Interessante notar que a estudiosa não perde a ocasião de preparar o leitor no que tange a aspectos que irá retomar ao longo deste compêndio, sobretudo no que se relaciona com os conceitos de metalinguagem, metapoema etc.

A partir, então, dessas considerações iniciais, a autora percorre verticalmente pelos principais momentos expressos da literatura portuguesa. O mesmo se dá com as literaturas de Angola e Moçambique. Tal verticalidade pode ser compreendida pelo fato de que a escolha aposta em autores que são considerados, de certo modo, como pontas-de-lança. Nesse sentido, observamos que há um projeto inovador efetuado pela autora, quando ao discutir o momento literário – por exemplo, as cantigas de amigo, de escárnio e de maldizer – aprofunda e aproxima aspectos da poética provençal. Também percebemos um desejo, por parte da estudiosa, em atualizar fontes bibliográficas quando trata, por exemplo, dos postulados do romantismo.

Outro vetor que comparece é o da organicidade, isto é, a autora distribui os temas de modo harmônico e orgânico. Nessa vereda, permite ao leitor/estudante perceber uma coerência, um projeto escritural. Nada se desperdiça, nada se torna redundante. Tal estratégia possibilita ao estudante ter um quadro nítido por meio das discussões teórico-artísticas operadas por Vivian Steinberg.

Além do arco desenhado, também se configura uma sonoridade tênue de ecos, de conversas das literaturas portuguesa, angolana, moçambicana e brasileira. A presença desses ecos demonstra uma capacidade, por parte da autora, de aproximar dados históricos e literários dessas literaturas.

Há, também, comentários cápsulas sobre as complexidades poéticas de um Camões, de um Pessoa, de um Mário de Sá-Carneiro, entre outros. Nessa diretriz, notamos o quanto a autora conhece, sensivelmente, as propostas dos autores mencionados, sobretudo quando tece comentários sobre as expressividades dos autores e suas relevâncias no constructo das especificidades de seus fazeres literários como um todo.

Acreditamos, pois, que dificilmente, nos manuais de literatura em expressão da língua portuguesa, encontraremos menções a autores que revelam a continuidade, o aprofundamento do exercício literário, sobretudo português. Nesse sentido, Vivian Steinberg cita as manifestações, as *performances* literárias, por exemplo: Vitorino Nemesio, Herberto Hélder, António Ramos Rosa, Sophia de Mello Breyner Andresen, Fiama Hasse Pais Brandão, Gastão Cruz, Luiza Neto Jorge, entre outros.

Com relação à literatura africana em idioma português – Angola e Moçambique –, a estudiosa coteja aspectos relevantes, sobretudo quando comenta os percursos e as características literárias do moçambicano Mia Couto e do angolano José Roberto Agualusa. Nesse cotejo operado pela autora, percebemos um cuidado – e até mesmo um carinho – com questões literárias desses autores. Curiosamente, Steinberg destaca a autora moçambicana Paulina Chiziane, quando afirma que "com seu primeiro livro,

Balada de amor ao vento, editado em 1990, tornou-se a primeira mulher moçambicana a publicar um romance".

Ainda devemos lembrar que ao estudante interessado em aprimorar seus estudos sobre literatura a autora indica endereços eletrônicos (como sugestões), assim como fornece, ao final de cada capítulo, didaticamente, exercícios de autoavaliação, testes, reflexões, para que assim o estudante pratique, de fato, um aprofundamento em seus estudos, pesquisas etc.

No início de nossos comentários, mencionamos o desenho de um arco (metafórico) utilizado, do nosso entender, pela autora. Agora, como considerações finais, nos aproximamos de uma lira, também de cunho metafórico. Esta poderá ser utilizada como metáfora da musicalidade que ecoa nos conceitos-chave operados por Vivian Steinberg. Tanto o arco como a lira, provindos de Heráclito, podem ser vislumbrados e ouvidos neste percuciente compêndio. Ainda, em nossa epígrafe, percebemos na fala do poeta Augusto de Campos, sobre o eco de Fernando Pessoa em seu fazer literário, uma radiografia telegráfica do que o interessado estudante encontrará no agora limiar dos seus estudos.

Sérgio Roberto Montero Aguiar

Verão, 2014.

apresentação

O PRIMEIRO CUIDADO na elaboração deste livro foi criar uma sequência lógica em relação a um tema tão complexo quanto as literaturas de língua portuguesa. Não houve uma elaboração em torno da literatura brasileira propriamente dita, porém apenas quando esta esbarra na compreensão de outras literaturas. Se a primeira preocupação é com as literaturas de língua portuguesa, não podemos deixar de abarcar a origem dessa língua: seus começos e seu percurso até se constituir como língua, com suas particularidades e originalidade.

A língua portuguesa surgiu num canto do mundo e se espalhou por outros continentes por motivos históricos, econômicos e políticos. Não podemos dissociar essas duas ideias: a literatura é constituída pela língua e, por isso, é importante estudar aspectos históricos da sua formação; e a literatura, assim como a língua, é ampliada a cada novo texto difundido, desde aspectos gerais – geográficos, históricos, antropológicos e psicológicos – até particulares e individuais (de cada autor). Em virtude desses motivos, é importante estudar as várias literaturas que têm a língua portuguesa em comum.

Estabelecemos como ponto de partida as questões da linguagem, tendo como referência o percurso que a história da literatura sugere. Se, por um lado, escolhemos a língua como esqueleto ou base para nosso estudo, por outro as ditas "escolas literárias" (mesmo que não concordemos completamente com as divisões, às vezes, meramente didáticas) nos orientarão na busca da compreensão desse universo literário vasto. Assim, além de destacarmos as particularidades da literatura, primeiro de cada época, focando Portugal, depois de cada autor/obra escolhido*, tratamos de dar uma visão da tradição literária ocidental, na qual houve maiores expoentes – ou expoentes mais significativos. Por exemplo, em relação ao romantismo, não poderíamos deixar de abordar o romantismo alemão ou, em relação à literatura trovadoresca, de comentar sobre a poesia provençal e fazer uma ponte com a atualidade que tanto deve a esses primórdios. Gostaríamos que os leitores tivessem presente que a literatura moderna e contemporânea só é possível porque pertence a uma

> A literatura moderna e contemporânea só foi possível porque pertence a uma tradição e, por isso, estudamos como um possível caminho a história literária estabelecida.

---

* Não foi possível abarcar todos os movimentos artísticos, mas tentamos sanar esse problema oferecendo bibliografia e orientando pesquisas.

tradição e, por isso, estudamos como um possível caminho a história literária estabelecida. As criações não surgiram do nada, mas sim cavando as experiências anteriores. Mostramos essa evolução ao longo do livro. Tivemos de fazer recortes e escolhas, estabelecendo pontes sempre que possível. No Capítulo 1, começamos pela origem da língua e passamos para as cantigas medievais, momento em que a língua portuguesa ainda não era essa nossa conhecida. Percorremos caminhos que redescobriram a literatura provençal, tão rica e que nos deu temas recorrentes em todas as manifestações artísticas, como o tema do amor.

Depois, no Capítulo 2, precisamos dar um salto e nos encontramos no século XIV: a língua portuguesa estava estabelecida, como a conhecemos, com as diferenças que cada época, lugar e autor imprimem. Estudamos, com um pouco mais de detalhes, dois poetas maiores: Sá de Miranda e Camões.

No Capítulo 3, outro grande salto e chegamos à Era Moderna – segundo a História (a Revolução Francesa é um marco). De acordo com a história literária, enfocamos o romantismo e o realismo, vistos não como contrários, mas como consequência, numa linha só, como continuidade. Nesse momento histórico, a burguesia ascendente encontra elementos favoráveis ao florescimento do gênero *romance* e a imprensa é um dos instrumentos mais importantes para a consolidação da burguesia (Benjamin, 1996). Tudo isso provocou um maior interesse em relação ao sujeito e suas complexidades, desembocando no surgimento da psicanálise, no século XX.

Estudamos os autores Almeida Garrett e Camilo Castelo Branco. O primeiro é considerado o introdutor do romantismo em Portugal. Anteriormente já havíamos abordado essa época no mundo e, particularmente, na Alemanha, primórdio estético dessa era. O segundo, Camilo Castelo Branco, radicalizou os conteúdos românticos e assim os diluiu. Entre os realistas, depois de uma breve apresentação do tema e das discórdias impressas nesse momento histórico em Portugal, estudamos Eça de Queirós e nos detemos em seu romance *A cidade e as serras*; tratamos também do poeta Cesário Verde, que, entre os portugueses, estabeleceu uma poesia das ruas, das vielas – assim ele percorre a cidade de Lisboa. Alguns críticos o apelidaram de "Baudelaire português" e, desse modo, teve uma grande influência entre os poetas modernos e "pós-modernos" portugueses. Quando um autor exerce essa autoridade, ele é, de acordo com o termo empregado pelo crítico norte-americano Harold Bloom (1991), um poeta maior.

Por motivos de escolha, permanecemos nos cânones das literaturas abordadas porque, para adentrarmos nos momentos estudados, primeiro é preciso conhecer as obras ditas canônicas e, num segundo momento – às vezes mais rico –, precisamos conhecer os "menos conhecidos". Infelizmente, enfocamos apenas alguns escritores; quanto aos "menores", de acordo com Deleuze e Guattari em *Kafka, para uma literatura menor* (2003), procuramos estimulá-lo para que os conheça. Citamos também alguns trabalhos sobre eles.

No Capítulo 4, chegamos ao modernismo, momento de grande riqueza literária, tanto na poesia como na prosa, no quarto capítulo – e aí são tantos nomes que, infelizmente, apenas citamos alguns poucos. Aqui podemos fazer muitas relações entre as literaturas portuguesa e brasileira, tanto nos primórdios como nos dias de hoje. Seguem caminhos diferentes, mas esbarram-se. Assim, podemos relacionar alguns pontos: as primeiras manifestações, as questões em relação à metalinguagem, à concretude das palavras, o aproveitamento das palavras integralmente – não que os poetas anteriores não o fizessem, mas, no modernismo, isso se problematiza. Outro ponto fundador do modernismo está relacionado à fragmentação e à despersonalização do sujeito poético.

> Podemos fazer muitas relações entre as literaturas portuguesa e brasileira, tanto nos primórdios como nos dias de hoje. Seguem caminhos diferentes, mas esbarram-se.

Há uma rica bibliografia sobre o assunto; por isso, foram pedidas leituras críticas e um trabalho relacionando as poéticas de Sophia de Mello Breyner Andresen e João Cabral de Mello Neto, uma poeta portuguesa e outro brasileiro, contemporâneos, em poemas citados.

Estudamos as primeiras manifestações do modernismo em Portugal, que teve por meios de divulgação a revista *Orpheu* e os escritores Fernando Pessoa e Mário de Sá-Carneiro. Dessa forma, aprofundamos o estudo desses autores, tentando cobrir algumas lacunas que foram deixadas. Finalizamos esse capítulo com um breve panorama da literatura portuguesa da segunda metade do século XX para cá. Novamente podemos estender uma ponte entre a literatura conhecida como neorrealista portuguesa e a prosa regionalista brasileira, com reticências.

No Capítulo 5, mostramos autores que viveram e descreveram os sofrimentos das guerras de libertação dos países africanos de colonização portuguesa e começamos justamente com autores "do outro lado", contando-nos sobre as mesmas guerras, mas de um outro ponto de vista. Assim, finalizamos o livro pelas noções das literaturas de língua portuguesa na África, entendendo que só poderemos dizer – e seguindo nosso raciocínio – que a literatura é decorrência de uma língua estabelecida, que a literatura de língua portuguesa na África só faz sentido após a libertação e com toda a renovação que estabeleceram na língua portuguesa.

Enquanto os portugueses estão tratando de recontar sua história, de rever a história oficial – afinal, ficaram tantos anos sob um regime autoritário e os aspectos da realidade foram camuflados –, os moçambicanos, os angolanos, os cabo-verdianos, os guineenses e os são-tomenses estão recriando essa língua imposta. E nós, leitores, só podemos ganhar com essa riqueza de aspectos.

Boa leitura!

Vivian Steinberg

organização didático-pedagógica

Esta seção tem a finalidade de apresentar os recursos de aprendizagem utilizados no decorrer da obra, de modo a evidenciar os aspectos didático-pedagógicos que nortearam o planejamento do material e como o aluno/leitor pode tirar o melhor proveito dos conteúdos para seu aprendizado.

Logo na abertura do capítulo, você é informado a respeito dos conteúdos que nele serão abordados, bem como dos objetivos que a autora pretende alcançar.

Você conta, nesta seção, com um recurso que o instigará a fazer uma reflexão sobre os conteúdos estudados, de modo a contribuir para que as conclusões a que você chegou sejam reafirmadas ou redefinidas.

Atividades de autoavaliação

Leia o poema de Almeida Garrett a seguir, e depois responda as questões propostas.

Os cinco sentidos

São belas – bem o sei, essas estrelas,
Mil cores – divinas têm essas flores;
Mas eu não tenho, amor, olhos para elas:
Em toda a natureza
Não vejo outra beleza
Senão a ti – a ti!

Divina – ai, sim, será a voz que afina
Saudosa – na ramagem densa, umbrosa;
Será mas eu do rouxinol que trina
Não ouço a melodia,
Nem canto outra harmonia
Senão a ti – a ti!

Respira – e toca que entre as flores gira,
Celeste – incenso de perfume agreste;
Sei... nas vistes minha alma não aspira,
Não percebe, não toma
Sentio o doce aroma
Que vem de ti – de ti!

Formosos – são os pomos saborosos,
E um mesmo – de néctar a tornar;
É eu tenho fome e sede,...aspiram,
Famintos meus desejos
Estão... mas é de beijos,
É só de ti – de ti!

> Com estas questões objetivas, você tem a oportunidade de verificar o grau de assimilação dos conceitos examinados, motivando-se a progredir em seus estudos e a se preparar para outras atividades avaliativas.

Atividades de aprendizagem

Questões para reflexão

1. Leia e copie a letra da música "A ostra e o vento", de Chico Buarque. Repare no ritmo, nas palavras empregadas. Quem é o sujeito da enunciação, o eu poético? Sobre o que fala? Compare com as cantigas provençais e responda: de qual se aproxima? Por quê? Enumere as coincidências.

2. Faça a mesma coisa com a canção *Um amor delicado*, de Caetano Veloso. Preste atenção no sujeito da enunciação, ou sujeito lírico, e em seu interlocutor e responda se há elementos que o aproximam de cantigas medievais. Quais? Por quê?

3. Leia a cantiga, reproduzida anteriormente (p. 13), de João Zorro, o jogral de Lisboa e do Tejo (viveu certamente durante o reinado de D. Dinis). No século XX, a poeta Fiama Hasse Pais Brandão (1938-2007) fez uma releitura (intertextualidade) e usou a cantiga de João Zorro como epígrafe. Os autores estão distantes séculos um do outro. O jogral medieval compôs uma cantiga de amigo cuja "autora", a donzela, cantava seu desejo de ir ver as barcas que o seu amado mandou preparar a partir com seu amado. Fiama Hasse Pais Brandão, a poeta contemporânea, escreveu o poema em 1974, portanto, no final da guerra colonial portuguesa na África, e respeitou aspectos estruturais da poética feudal. Quais?

> Aqui você dispõe de questões cujo objetivo é levá-lo a analisar criticamente determinado assunto e aproximar conhecimentos teóricos e práticos.

Você pode consultar as obras indicadas nesta seção para aprofundar sua aprendizagem.

Acumulou-se capital, as operações bancárias tornaram-se comuns. Desenvolveu-se o comércio e descobriu-se a rota para a Índia, o que provocou alta nos preços, arruinando-se a antiga economia, ou seja, o sistema feudal.

Para saber mais:

Para se aprofundar, leia:
CHARTIER, R. (Org.). História da vida privada: daRenascença ao Século das Luzes. São Paulo: Companhia das Letras, 2009.

De outro ângulo, em relação à religião, a Igreja atravessava um momento difícil. Lutero, em 1517, protestou contra a venda de indulgências da Igreja. Com a invenção da imprensa, divulgaram-se os escritos de Lutero e de outros protestantes; a burguesia das cidades o apoiava para se ver livre do jugo da Igreja. Os camponeses, os artesãos e assalariados juntaram-se aos revoltosos porque a formação social, senhorial e mercantil os oprimia*. Por fim, os príncipes alemães, desejosos dos bens feudais da Igreja, aproveraram esse descontentamento e o rei da Inglaterra se separou do papa. Esse movimento ficou conhecido historicamente como *Reforma* e deu origem às Igrejas protestantes e anglicanas (Chartier, 2009).

---

* A economia feudal estabelecia uma desigualdade social, privilegiando os nobres, e os camponeses eram sempre servos. Os artesãos não eram valorizados nem social nem economicamente, assim como os assalariados e camponeses nascentes.

Nesta seção, você encontra comentários acerca de algumas obras de referência para o estudo dos temas examinados.

bibliografia comentada

Capítulo 1

Além da leitura de cantigas medievais, é importante escutá-las, nos links indicados no capítulo. O poeta Augusto de Campos traduziu alguns poetas provençais.

CAMPOS, A de. Mais provençais. São Paulo: Companhia das Letras, 1987.
_____. Verso reverso controverso. São Paulo: Perspectiva, 1988.

Capítulo 2

Para quem quiser aprofundar questões sobre o Renascimento, a cultura popular na Idade Média, o maneirismo e o barroco, recomendamos:

AUERBACH, E. A novela no início do Renascimento: Itália e França. São Paulo: Cosac Naify, 2013.

introdução

❡ O TÍTULO DESTA obra pede uma explicação: a língua portuguesa tem sua origem em Portugal; portanto, os primeiros passos e outros mais sólidos foram dados lá. Começaremos pela origem da língua e mostraremos como, aos poucos, ela foi se consolidando. A literatura portuguesa guarda suas riquezas e particularidades – que estudaremos com afinco –, tanto a expressão em poesia como em prosa. Estudaremos a lírica, a epopeia e a narrativa, deixando um pouco de lado a arte dramática – não por ser menos importante, mas pelos limites de tempo e espaço.

A expressão *literatura estrangeira em língua portuguesa* requer uma explicação: pensamos *estrangeira* a partir do Brasil, então hoje isso faz sentido porque temos uma literatura fortalecida. Mas não foi sempre assim, pois até o século XIX líamos basicamente literatura escrita em Portugal, de língua portuguesa ou a que eles traduziam. Melhor dizendo, a literatura brasileira se confundia com a portuguesa, emprestávamos escolhas europeias.

No Brasil Colônia, os filhos da elite econômica estudavam na Europa, eram formados nos moldes europeus, principalmente portugueses – assim, Portugal exercia forte influência também na nossa literatura. Ainda não estava consolidada uma literatura brasileira; porém, isso não quer dizer que não houvesse, nesse período, excelentes escritores brasileiros. Ou seja, durante um largo período a literatura portuguesa e a brasileira eram as mesmas, cada qual com suas particularidades, e pode soar estranho usar o termo *estrangeira* para uma literatura próxima e anterior à nossa: a escrita em Portugal é anterior à brasileira porque a língua portuguesa – comum a várias literaturas – formou-se na Europa.

> Há um caminho comum que precisaremos verificar, ou seja, parte da literatura portuguesa constitui a história da literatura brasileira; há interseções, pois temos a língua em comum.

Há, portanto, um caminho comum que precisaremos verificar, ou seja, parte da literatura portuguesa constitui a história da literatura brasileira; há interseções, pois temos a língua em comum. Então, para seguirmos um estudo sério de literaturas de língua portuguesa, teremos de estudar os primórdios da literatura portuguesa: as origens da língua, anteriores a uma literatura constituída, e seguir até nossos dias.

Pensando na epígrafe deste livro – "Existimos sobre o anterior", de Fiama Hasse Pais Brandão – a reflexão que o atravessa é que, para estudar a literatura portuguesa, é obrigatório um estudo sobre a formação dessa língua, as origens da língua, anteriores a uma literatura constituída – assim como, se fôssemos estudar a literatura brasileira, seria obrigatório um estudo de autores portugueses, bem como um estudo histórico e social sobre o Brasil Colônia.

Seguindo essa linha de pensamento – e a partir do título desta obra, *Literatura estrangeira em língua portuguesa* –, trataremos de literatura estrangeira, mas que não nos é tão estrangeira/estranha assim; afinal, herdamos a língua. No primeiro momento, esta nos foi imposta – fomos colonizados; depois notaremos que há rupturas e aquisições que aconteceram e acontecem no Brasil, o que poderemos verificar com um estudo aprofundado da história da literatura brasileira. Nosso ponto de vista é o de uma crítica brasileira escrevendo sobre a literatura portuguesa e noções de literatura africana; portanto, há um distanciamento que aproveitaremos neste estudo. O título não poderia ser *Literatura de língua portuguesa* porque a literatura em língua portuguesa escrita no Brasil não foi abordada, embora defendamos uma literatura em língua portuguesa com as devidas particularidades.

A profundidade que um idioma tem foi magistralmente definida em um verso da canção *Língua*, de Caetano Veloso (1984a): Se você tem uma ideia incrível é melhor fazer uma canção/Está provado que só é possível filosofar em alemão".

Neste livro, estudaremos a literatura portuguesa principalmente e, no último capítulo, abordaremos noções de literaturas africanas de língua oficial portuguesa.

O que estamos sugerindo é que tratemos a literatura a partir de uma língua em comum e com base em uma visão estrangeira à literatura portuguesa. O ponto de vista é do Brasil, que herdou a língua e, consequentemente, a literatura com ressalvas. Por que as ressalvas? Sabemos que houve um momento de ruptura e de amadurecimento fundamental para nossa literatura, marcado pela Semana de Arte Moderna. Mas isso é uma outra história, para um outro livro...

Para nós, brasileiros, é importante fazermos essa leitura – afinal, precisaremos entender o passado para nos entendermos, preconizou a psicanálise.

um	Origens e consolidação da língua e da literatura portuguesa
dois	Renascimento, maneirismo e barroco
três	Romantismo e realismo
quatro	Modernismo
cinco	Noções de literatura africana de língua portuguesa

❲ UMA LITERATURA, PARA se constituir como tal, tem uma história para contar. A literatura parte de uma língua em constituição, que começa a ter registros escritos. Para alcançar esses inícios, precisaremos detectar onde se formou a língua, como se formou, qual é sua origem, como se constituiu e como foi se transformando em literatura, ou seja, passou a ser escrita e com intenção de permanecer na história.

O mais instigante é perceber que, por passar a ser escrita, temos a oportunidade de conhecer textos muito antigos, vislumbrar formas de absorver o mundo e olhares muito distantes do nosso, mas mesmo assim passíveis de serem compreendidos.

umpontoum
Do latim ao português

A canção "Língua", de Caetano Veloso, é um tratado sobre a língua portuguesa, vista em minúcias, possibilidades e diversidade.

> *Gosto de sentir a minha língua roçar a língua de Luís de Camões*
> *Gosto de ser e de estar*
> *E quero me dedicar a criar confusões de prosódia*
> *E uma profusão de paródias*
> *Que encurtem dores*
> *E furtem cores como camaleões*
> *Gosto do Pessoa na pessoa*
> *Da rosa no Rosa*
> *E sei que a poesia está para a prosa*
> *Assim como o amor está para a amizade*
> *E quem há de negar que esta lhe é superior?*
> *E deixe os Portugais morrerem à míngua [...]*
> (Veloso, 1984a)

Sugerimos a você, leitor, que ouça a canção* e leia a letra na íntegra (Veloso, 2003, p. 290). Não vamos esgotar a interpretação dessa canção, apenas abordaremos versos fundamentais para

---

* Na internet, é possível encontrar vídeos nos quais o compositor Caetano Veloso interpreta a canção.

trazer para este trabalho a visão ampla que devemos ter quando se trata de material tão rico como a língua portuguesa; também enfocaremos o auge dessa manifestação, que é a literatura.

No primeiro verso, "Gosto de sentir a minha língua roçar a língua de Luís de Camões", valoriza-se a língua, a língua portuguesa e, ao mesmo tempo, brinca-se com os dois sentidos de língua. Com o verbo *roçar* há aproximação, inclusive espacial – o tato, ou o roçar –, e sugere-se uma relação sensual. É o sentido que aproxima os interlocutores, no tempo e no espaço, Camões e o eu poético. Sugere o encontro, por um lado, entre a língua falada e escrita no Brasil e, por outro, a língua em Portugal, por meio da metonímia – língua –, a de Luís de Camões, não a língua comum, mas a língua de uma alta literatura. Uma pertence ao século XV e a outra, ao XX; uma, a Portugal, e a outra, ao Brasil.

Continuando com a letra da canção, nos versos que compõem o refrão e iniciam com "Flor do Lácio", observamos que Caetano dialoga com o poeta brasileiro Olavo Bilac (2014): "Última *flor do Lácio*, inculta e bela". A língua portuguesa, citada como flor do Lácio por ambos os poetas, é a última língua neolatina formada a partir do latim vulgar – por isso "última flor", em Bilac. Essa língua era falada pelos soldados da região italiana do Lácio, não era falada pela elite culta, portanto "inculta e bela". Ou, como escreveu Evanildo Bechara (2010), há possibilidade de a última se referir a aspecto geográfico, a parte mais ocidental não só da Península Ibérica, mas também no orbe romano ocidental.

Sambódromo é um neologismo incorporado ao nosso idioma, uma palavra moderna, criada nos nossos tempos, a partir de um lugar, de uma marca de brasilidade. Em "Lusamérica" e "latim em

pó" o poeta junta, na mesma palavra, a origem de nosso idioma –
agora na América, com os antepassados latinos – e o pó, uma
forma de diluição ou condensação do idioma que nos pertence,
embora herdado.

Por outro lado, Olavo Bilac (2014) escreveu: "O teu aroma/
de virgens selvas e oceano largo". O autor aponta a relação subjetiva entre o idioma novo, recém-criado, e o "cheiro agradável das
virgens selvas", caracterizando as florestas brasileiras ainda não
exploradas pelo homem branco. Ele manifesta a maneira pela
qual a língua foi trazida ao Brasil – através do oceano, numa
longa viagem de caravela.

Língua portuguesa

Última flor do Lácio, inculta e bela,
És, a um tempo, esplendor e sepultura:
Ouro nativo, que na ganga impura
A bruta mina entre os cascalhos vela...

Amo-te assim, desconhecida e obscura,
Tuba de alto clangor, lira singela,
Que tens o trom e o silvo da procela
E o arrolo da saudade e da ternura!

Amo o teu viço agreste e o teu aroma
De virgens selvas e de oceano largo!
Amo-te, ó rude e doloroso idioma,

Em que da voz materna ouvi: "meu filho!"
E em que Camões chorou, no exílio amargo,
O gênio sem ventura e o amor sem brilho!
(Bilac, 2014)

A língua portuguesa teve origem no que é hoje a comunidade autônoma espanhola da Galiza e o norte de Portugal, derivada do latim vulgar que foi introduzido no oeste da Península Ibérica há cerca de dois mil anos. Essa é uma possibilidade defendida por alguns linguistas. Portanto, o idioma português é um dos produtos da România, ou Império Romano e o conjunto das suas províncias onde o latim vingou como língua de civilização. De acordo com António José Saraiva e Óscar Lopes (1955, p. 13), a "língua é originária do Lácio, região de Roma, e que a expansão diversificou em dialetos, elaborou-se um modelo oficial e literário, o latim culto, polido e gramaticalizado e, a sua versão falada, o latim vulgar, com tendências espontâneas de transformação e diversificação". Os romanos vieram para a Península Ibérica no século III a.C. Lácio era uma pequena região à beira do rio Tibre, na Península Itálica, uma comunidade rural que deixou traços da principal atividade na língua.

Há vestígios do povo indo-europeu aparentado com os romanos, os celtas, que penetraram na península, e também de outros povos bárbaros germânicos: alanos, vândalos, suevos e visigodos. No século VIII d.C., a península voltou a ser invadida pelos árabes. Em 718, começou a reconquista anti-islâmica, que se prolongou por séculos. O cristianismo foi um fator de congregação (Saraiva; Lopes, 1955) na Península Ibérica e, assim, a região se dividiu em: Condado de Galiza (galego-português); Reino de Leão e das Astúrias (ásturo-leonês); Condado de Castela (castelhano); Reino de Navarra (basco e navarro-aragonês); Reino de Aragão e Condado de Barcelos (catalão).

Com todas essas informações, queremos colocar as transformações que ocorrem na língua portuguesa. O português só foi considerado moderno na segunda metade do século XVI, e o português contemporâneo do século XVIII aos nossos dias, com todas as diferenças regionais, mais pronunciadas entre Portugal e as ex-colônias.

Antes disso, entre o século XIII até o final do século XIV, era um português misturado com o galaico, chamado de *português arcaico* e, da primeira metade do século XV à primeira metade do século XVI, de *português arcaico médio*.

> O português só foi considerado moderno na segunda metade do século XVI, e o português contemporâneo do século XVIII aos nossos dias, com todas as diferenças regionais, mais pronunciadas entre Portugal e as ex-colônias.

No Brasil, essa diversidade foi abraçada por escritores e intelectuais. Por exemplo, na canção de Caetano Veloso (1984a) ele diz: "deixem os Portugais morrerem à míngua/'Minha pátria é a minha língua'/Fala Mangueira! Fala!"

Se, por um lado, o compositor criou um distanciamento em relação à língua falada/escrita em Portugal, um distanciamento dessa variante linguística, pedindo que "deixem os Portugais morrerem à míngua", anunciando "o desejo de que a imposição do legado cultural e da variante linguística de Portugal no Brasil deixe de ser feita", por outro, no verso seguinte, faz uma homenagem ao grande poeta português Fernando Pessoa, citando-o em "Minha pátria é minha língua" (Veloso, 1984a).

Pensando historicamente nos primórdios da língua portuguesa, é conhecido que as primeiras manifestações literárias em português, ainda que arcaico, foram as cantigas, a poesia palaciana recolhida nos cancioneiros medievais, as *Cantigas de Santa Maria*, novelas de cavalaria como a *Demanda do Santo Graal*, entre outros; no segundo período, as *Crônicas* de Fernão Lopes, talvez a obra mais significativa desse período. Ao terceiro período pertencem as crônicas históricas de João de Barros, a poesia de Sá de Miranda, a *Peregrinação* de Fernão Mendes Pinto e a epopeia de Luís de Camões, que muito contribuiu para libertar o português de arcaísmos.

A influência de Camões até hoje é reconhecida, como podemos ler/ouvir no nosso cancioneiro e em toda a literatura de língua portuguesa. Reforçamos a ideia de que, além de grande poeta, é um dos construtores da nossa língua; portanto, a questão da literatura está intimamente ligada a questões linguísticas e, assim, não podemos dissociá-las. Além disso, Camões é considerado, de acordo com o termo empregado por Harold Bloom (1991), um "poeta maior", isto é, um poeta que influencia outros, que é uma autoridade. Afirmamos, pois, que a dimensão de sua obra chega até nossos dias.

No século XVI destacam-se os autos e as farsas de Gil Vicente, importantes para conhecermos a variedade coloquial e popular da época, mostrando aspectos da língua que não apareciam em literatura. Quanto ao século XVII, podemos falar dos *Sermões* do Padre Antônio Vieira. No século XVIII há um esforço para a renovação da cultura e da instrução pública que culminou na reforma pombalina da Universidade, em 1772, e podemos citar como representantes de um reflorescimento da poesia Barbosa du Bocage e os poetas árcades brasileiros Tomás Antônio Gonzaga e Claudio Manuel da Costa.

A partir do século XIX, portanto, em termos linguísticos, o português contemporâneo nos presenteou com novas poéticas e renovações estéticas, sem sofrer mudanças no sistema gramatical. À fase considerada moderna, mesmo na história, nos dedicaremos mais — por sua extensão e pelo maior número de obras e autores importantes, tanto em Portugal como no Brasil, em Angola, Cabo-Verde, Guiné-Bissau, Moçambique, São Tomé e Príncipe. O olhar mais abrangente ficará para os autores portugueses.

umpontodois
A lírica trovadoresca

Para iniciar um estudo sobre literatura de língua portuguesa, percorreremos caminhos distantes, que repercutem até hoje. Começaremos pela poesia trovadoresca provençal, início das cantigas, que floresceu no sul da atual França, no curso do século XII.

Ezra Pound disse em 1913 que "Qualquer estudo de poesia europeia será falho se não começar por um estudo da arte de Provença" (Campos, 1988, p. 9).

Os trovadores galaico-portugueses, os antepassados de nossa literatura, inspiraram-se nessa elaborada arte poética. Lembre-se de que essas cantigas, como o nome sugere, sempre eram acompanhadas pela música, principalmente durante a primeira fase, às vezes também pela dança.

Para compartilharmos o tempo e o espaço das cantigas medievais, recorreremos à nossa imaginação e à nossa tradição cultural. Vamos recordar o ambiente da Idade Média: as novelas de cavalaria da corte do rei Arthur, os ensinamentos de ética, do ser cavaleiro; ou o mito de *Tristão e Isolda* (século XII), as primeiras ideias sobre o amor e a paixão no Ocidente. Na música temos exemplos de cantigas, como *"Lo ferm voler qu'el car m'intra"*, de Arnaut Daniel (1180-1210). É emocionante como algo tão distante no tempo nos encontra e encanta. Cada expressão data de épocas diferentes, mas todas correspondem ao ambiente artístico da Idade Média; é a melhor forma de tomarmos contato com uma experiência tão diversa para nós.

Para saber mais

Para saber mais sobre a cantiga *"Lo ferm voler qu'el car m'intra"*, de Arnaut Daniel (1180-1210), recomendamos a versão divulgada na revista *Modo de usar & Co.*

DANIEL, A. Lo ferm voler qu'el car m'intra. Modo de Usar & Co., 26 maio 2008. Disponível em: <http://revistamododeusar.blogspot.com. br/search?q=arnaut+daniel>. Acesso em: 22 dez. 2014.

Em arte, sugerimos o Museu de Cluny, na França e propomos que você faça um *tour* pela internet, por dentro do museu. Importantíssimo deter-se nas tapeçarias da *Dame à la licorne* (final do século XV – 1490), ou *A dama e o unicórnio*.

MUSÉE DE CLUNY. Disponível em: <http://www.musee-moyenage. fr>. Acesso em: 22 dez. 2014.

Voltando para a literatura, começaremos por uma cantiga de Arnaut Daniel, poeta provençal, admirado e citado por Dante em *A divina comédia*. O trovadorismo foi, por muitos anos, lido apenas pelos estudiosos, até que, na Modernidade (começo do século XX), o respeitado poeta e crítico Ezra Pound, em seus *Cantos*, citou o trovador provençal e o transformou em matéria poética. Admirou suas qualidades, escreveu que os poetas provençais – e, em especial, Arnaut Daniel – estão na categoria dos poetas inventores, que percebem o valor da linguagem. Assim, as palavras adquirem uma força além do seu significado. Poderemos usar um termo conhecido em teoria literária, *ostinato rigore*, encontrado em estudos de Leonardo da Vinci e recuperado por Paul Valéry*.

Na obra *Verso reverso controverso*, Campos (1988, p. 46) cita Pound: "A arte de Arnaut Daniel não é literatura, é a arte de combinar palavras e música numa sequência onde as rimas caem com precisão e os sons se fundem ou se alongam. Arnaut tentou criar quase uma nova língua, ou pelo menos ampliar a língua existente e renová-la". Essa consciência do trabalho com as palavras e com a língua, diferenciando a linguagem poética da ordinária, é um labor que os poetas modernos recuperaram e, por isso, Pound resgatou os poetas provençais; percebeu que há um diálogo entre os tempos, como se corresse o mesmo sangue. Assim, estabeleceu

---

* *Obstinado rigor*: Paul Valéry relacionou o conceito difundido por Leonardo da Vinci ao processo de busca de um rigor poético e uma precisão ao escolher as palavras para compor o poema. Há uma linhagem de poetas que primam pela precisão. O poema se torna uma transformação do arbitrário em necessário. Assim, nessa linhagem, Valéry e Mallarmé, no século XIX, e Ezra Pound, no século XX, retomam e desenvolvem poemas e poetas preocupados com a condensação e a invenção semânticas (Steinberg, 2006).

relações e reconheceu uma linhagem. Este estudo facilitará a compreensão das poéticas modernas.

Entre nós, no Brasil, na esteira de Pound, Augusto de Campos traduziu e estudou esses poetas em *Mais provençais* (1987), *Verso reverso controverso* (1988) e *Invenção* (2003). Vamos ler uma cantiga de Arnaut Daniel, traduzida por Campos (1987, p. 111-112):

> Essa consciência do trabalho com as palavras e com a língua, diferenciando a linguagem poética da ordinária, é um labor que os poetas modernos recuperaram.

Vermelho e Verde e Branco e Blau
(Er Vei Vermeills, Vertz, Blancs, Gruocs)

Vermelho e verde e branco e blau,
vergel, vau, monte e vale que eu vejo,
a voz das aves voa e soa
em doce acordo, dia e tarde;
então meu ser quer que eu colora o canto
de uma flor cujo fruto seja amor,
grão, alegria, e olor de noigandres.

Amor me leva em sua nau
e põe seu fogo em meu desejo,
mas tal viagem, sei que é boa,
e a flama é suave, onde mais arde;
que Amor requer de mim que eu seja tanto:
franco, veraz, fiel e cumpridor,
e em sua corte um rei não vale um flandres.

Tempo e lugar, ou bom ou mau,
não mudam a alma do que almejo
e se meu canto a atraiçoa
jamais a bela me ame e guarde,

que, de alma e corpo, enfermo ou são, eu canto,
pois não quero, se penso em seu valor,
valer, sem ela, as glórias de Alexandres.

Quisera ser seu mel, seu sal,
e cozinhar seu pão, sem pejo:
anos, ao pé de tal patroa,
eu viveria, sem alarde.
Sim, sou louco! Que busco em outro canto?
Que eu não quero – só finjo – outro favor,
nem tesouros do Tigre e do Meandres.

Mesmo o prazer me sabe mal
sem ela, pois sempre a revejo
e sua voz, dentro, ressoa
no coração, por mais que o guarde,
que eu não tenho outro fim nem outro encanto
e cabe a mim saber o seu sabor,
quer ela esteja em Puglia ou em Flandres.

Jogo ou lazer, é tudo igual.
Num dia um ano eu antevejo.
Dói-me que Deus não se condoa
e empurre o tempo, esse covarde,
que enlanguesce os amantes de quebranto.
A lua e o sol, que cessem seu fulgor!
Dói-me segui-los em seus cursos grandes.

À que me tem, canção, vai com espanto,
Pois para ser Arnaut, o trovador
Tem que encontrar mais rimas que há em andres.

Antes mesmo de tentar entender o poema, proporemos a leitura em voz alta da cantiga, infelizmente destituída de sua pauta musical (será que existe, ou existiu?), na versão da belíssima tradução de Augusto de Campos, que privilegiou a riqueza da sonoridade do original. O primeiro espaço que podemos abrir para a compreensão de um poema é por meio da imaginação e da atenção.

O tradutor respeitou o sistema de rimas entre estrofes, – uma forma sofisticada. Em cada estrofe há sete versos, sendo que todos os primeiros versos de cada estrofe rimam, os segundos versos com os segundos, e assim sucessivamente. Com exceção da última estrofe, com apenas três versos, o eu poético é denominado; o sujeito se divide em duas vozes: a que se nomeia pela primeira pessoa do singular e o nome do poeta, em terceira pessoa, Arnaut, comum nas cantigas medievais, conhecida como *dedicatória final*. Além dessas rimas externas, há sons entre as palavras, o que torna o poema extremamente sonoro, o que Pound (1987, p. 51-57) chamou de *melopeia* no livro *ABC da literatura*. Por exemplo, na primeira estrofe, o som do /v/ e do /l/, que se contrapõem ao som do /k/. O /v/ nos leva ao vento, ao léu, enquanto o /k/ do canto nos finca na terra, no canto.

Noigandres é uma palavra criada, que chamou a atenção de Pound; em seu Canto XX, dos *Cantos*, ele interrogou a esse respeito (Pound, citado por Campos, 1988, p. 43): "Sim, Doutor, o que querem dizer com noigandres?". E ele disse: "Noigandres! NOIgandres! Faz seis meses já/Toda noite, quando vou dormir, digo para mim mesmo:/Noigandres, eh, noigandres,/Mas que DIABO quer dizer isto?"*

---

* Augusto de Campos, Décio Pignatari e Haroldo de Campos denominaram uma revista-livro em que publicavam seus poemas, a partir de 1952, de *Noigandres*, como símbolo da invenção, pesquisa e experimentação poética. Sugerimos, novamente, que assista ao vídeo postado no *site* YouTube, *Noigandres*, de Augusto de Campos, neste *link*: <https://www.youtube.com/watch?v=9W786KyKrAs>.

O grande tema dessa cantiga é o amor, e notamos que são usadas as palavras *Amor* e *amor*. Há diferenças: *Amor*, com letra maiúscula, refere-se à essência, à ideia do amor, é absoluta, espiritual, relaciona-se ao transcendente; já a palavra *amor* está relacionada ao sentimento individual, implica sofrimento, relaciona-se ao imanente, à realidade física. Na primeira estrofe, estamos ao ar livre com aves, cores e flores, e "então meu ser quer que eu colora o canto/de uma flor cujo fruto seja amor [...]". Vai cantar, ou escrever uma cantiga para colorir o amor, a alegria, o grão, e olor de *noigandres*.

Pede ao Amor que o leve para viajar em sua nau ou embarcação e que alimente seu desejo – usa o elemento fogo, símbolo da paixão e do erotismo. O poeta espiritualiza o Amor e faz dele fulcro de sua inspiração, como escreveu Spina (1996), em *A lírica trovadoresca*, sobre a poesia occitânica, citado no final do capítulo.

Nessa segunda estrofe, há uma questão entre o desejo e o que o Amor espera do sujeito poético. Por um lado, há o desejo do sujeito poético, relacionado ao corpo, ao erotismo, ao concreto e, por outro, há o ideal que o Amor profetiza em relação ao sujeito poético, que ele seja "franco, veraz, fiel e cumpridor", ou seja, tenha valores de um cavalheiro, valores de uma civilização.

O trovador toma cuidado em não nomeá-la, na terceira estrofe, pois sabe do risco que corre: "e se meu canto a atraiçoa/ jamais a bela me ame e guarde". Nada vale mais do que cantá-la, "nem as glórias de Alexandres"*, "Nem tesouros do Tigre e do Meandres", rios da Mesopotâmia e da Anatólia.

---

* Refere-se a Alexandre, o Grande, da Macedônia.

Refere-se à sua amada como bela, como patroa, sua voz ressoa no coração e "cabe a mim saber o seu sabor", ou seja, deseja conhecer o sabor de seu amor, a quer sensualmente, carnalmente. Não quer somente o sonho desse amor, um amor apenas idealizado, platônico, quer saber seu sabor.

Na última estrofe, Arnaut Daniel se refere ao próprio canto, como já havia prenunciado no quinto verso, "então meu ser quer que eu colora o canto". Esta é uma atitude que se encontra na poesia moderna: tratar da matéria poética, "encontrar mais rimas que há em andres". O sujeito poético se refere a aspectos do canto, metáfora para a palavra poética acrescida de qualidade musical. Arnaut Daniel acrescenta ainda o colorir; assim, apela também ao visual no canto e, ao mesmo tempo, traz ao poema a concretude do labor do poeta. Tratar da matéria poética e do fazer poético dentro do próprio poema é o que chamamos de *metalinguagem*, ou, no caso, de *metapoema*. O trovador tem consciência de sua atividade artística e domina a técnica.

Portanto, estudando o trovadorismo, perceberemos como há uma espinha dorsal em toda a literatura ocidental: por um lado, os poetas – dos provençais aos modernos – aproveitam a sonoridade e a estrutura das cantigas; por outro, os temas são recorrentes, começam a aparecer e se perpetuam*. No caso da cantiga estudada, o tema principal é o amor, mostrando sinais da ética cavalheiresca, inícios da nossa tradição e da nossa civilização,

---

* Estamos partindo desse mundo, a Idade Média; entende-se que entre os gregos, os romanos e outros povos dos quais temos registros também se usavam esses recursos e se recorria aos mesmos temas.

sem abrir mão de outro ponto relacionado ao amor que é o erotismo, o desejo da amada, de senti-la. Outro tema fundamental – e não menos importante – é o **fazer poético**, o que funda uma tradição na literatura ocidental, quando o poeta se refere ao próprio poema, como visto neste estudo. A poesia de Arnaut Daniel foi recuperada por Ezra Pound e, no Brasil, por Augusto e Haroldo de Campos, principalmente pela questão metalinguística que sua poética apresenta, além de propostas em relação à sonoridade dos versos, ou seja, aponta para a ascendência da poética da modernidade

A poesia trovadoresca é considerada fonte de todo o lirismo europeu. A mulher adquire maior importância na sociedade. Surgem as cortes; assim, a graça feminina estava presente e era apreciada. A vassalagem amorosa, na poesia trovadoresca, não correspondia a uma realidade social. De acordo com Segismundo Spina, na obra *A lírica trovadoresca*, eram duas coisas diferentes: uma, a mulher na poesia e, outra, na vida real. No sul da França, a mulher estimula um verdadeiro culto na poesia dos trovadores, enquanto no norte ela desempenha um papel acessório. Na lírica, a mulher era doce e pura, os cavalheiros lhe prestavam homenagens.

Spina (1996) ressalta as principais características desse período que retomamos:

> *A poesia occitânica, que reflete um longo aprendizado e domínio de sua técnica, em que o trovador tem consciência de sua atividade artística, lançou uma mensagem perene para as literaturas da moderna Europa, descobrindo o Amor, espiritualizando-o*

e fazendo dele o fulcro de sua inspiração. Os trovadores criam, então, o primeiro grande tema da inspiração lírica: o Amor. [...] Do princípio de que o Amor é fonte perene de toda Poesia decorre todo o formalismo sentimental dessa poesia: a submissão absoluta à sua dama; uma vassalagem humilde e paciente; uma promessa de honrá-la e servi-la com fidelidade; o uso do senhal *(imagem ou pseudônimo poético com que o trovador oculta o nome da mulher amada); a mesura, prudência, moderação, a fim de não abalar a reputação da dama* (pretz), *pois a inobservância deste preceito acarreta a sanha da mulher; a mulher excede a todas do mundo em formosura (de que resulta o tema do elogio* impossível); *por ela o trovador despreza todos os títulos, todas as riquezas e a posse de todos os impérios; o desprezo dos intrigantes da vida amorosa; a invocação de mensageiros da paixão do amante (pássaros); a presença de confidente de tragédia amorosa.* (Spina, 1996, p. 23-25, grifo do original)

Para melhor compreensão dos estudos literários é, portanto, fundamental a dedicação à leitura da poesia occitânica, da literatura provençal.

1.2.1 A lírica trovadoresca galego-portuguesa

Há na lírica trovadoresca dois gêneros: o lírico e o satírico. No primeiro se incluem as cantigas de amigo e de amor; no segundo, as de escárnio e maldizer. Os textos mais antigos em versos que conhecemos foram coligidos em cancioneiros. Os mais importantes são: o *Cancioneiro da Ajuda*, compilado provavelmente no século XIII; o *Cancioneiro da Vaticana*, coligido no século XV; e o *Cancioneiro da Biblioteca Nacional*, ou *Cancioneiro Colocci-Brancutti*, reunido possivelmente no século XIV.

As cantigas de amor surgem nas cortes medievais, com forte influência das cantigas provençais. O sujeito poético é o trovador – portanto, uma voz masculina – e o tema é o amor por uma dama inalcançável. O papel do trovador é servi-la, ou seja, cantará sua beleza e virtude, sem mencionar seu nome, declarando assim, sua fidelidade e seu sofrimento; é a tensão de um amor idealizado, espiritualizado e irrealizado. Essa situação é conhecida como *coita de amor*: o poeta se queixa da indiferença da mulher, sente-se desprezado, e a única possibilidade é morrer para escapar à paixão que o atormenta e o faz perder o senso *"sen"*.

Vamos ler, como exemplo, de uma cantiga de amor de D. Dinis (citado por Projecto Vercial, 2014):

Quer'eu em maneira de proençal
fazer agora un cantar d'amor,
e querrei muit'i loar mia senhor
a que prez nen fremusura non fal,
nen bondade; e mais vos direi en:
tanto a fez Deus comprida de ben
que mais que todas las do mundo val.

Ca mia senhor quiso Deus fazer tal,
quando a faz, que a fez sabedor
de todo ben e de mui gran valor,
e con todo est'é mui comunal
ali u deve; er deu-lhi bon sen,
e des i non lhi fez pouco de ben,
quando non quis que lh'outra foss'igual.

Ca en mia senhor nunca Deus pôs mal,
mais pôs i prez e beldad'e loor
e falar mui ben, e riir melhor
que outra molher; des i é leal
muit', e por esto non sei oj'eu quen
possa compridamente no seu ben
falar, ca non á, tra-lo seu ben, al.

El-Rei D. Dinis, CV 123, CBN 485

As diferenças mais perceptíveis entre as cantigas de amor e de amigo estão em relação, primeiro, ao sujeito poético, que, na cantiga de amigo, é uma voz no feminino, é o cantar pelo olhar feminino, mesmo que o autor seja homem. Importante notar aqui a questão da autoria, a não coincidência entre autor e eu poético. O trovador era, normalmente, um homem, e ele canta o mundo por de um viés feminino (havia também mulheres trovadorescas). Em relação a esse ponto, lembraremos que em nosso cancioneiro, o das músicas populares brasileiras, esse olhar para o amor por uma ótica feminina é bastante contemplado. Basta lembrarmos de algumas canções de Chico Buarque – "A ostra e o vento", por exemplo – ou de Caetano Veloso – "Esse cara" –, para ficarmos em apenas dois exemplos.

Uma segunda diferença que podemos notar é em relação ao espaço que é cantado. Enquanto as cantigas de amor se passam na corte, o campo, a vida rural e o ambiente marinho são os espaços próprios das cantigas de amigo, ao ar livre. É a rapariga que vai à fonte buscar água, onde se encontra com o namorado, o namorado que parte e ela lamenta, confidências com as amigas ou com a mãe, conflito com a família em relação ao namorado.

São elementos presentes no cotidiano popular, não idealizado como nas cantigas de amor.

Em relação à forma, algumas cantigas de amigo são nomeadas como *paralelísticas*, quando apresentam uma estrutura rítmica própria: os dois primeiros versos são idênticos, modificando-se apenas uma palavra, a da rima; o último verso de cada estrofe é o primeiro da estrofe correspondente no par seguinte. Cada estrofe vem seguida de refrão, conforme estudos de Saraiva e Lopes (1955). O refrão atesta a existência de um coro, em que muitas vezes se alternam duas vozes, e há uma espécie de improvisação que conhecemos nos repentistas brasileiros: a segunda voz repete o último verso do outro, para o qual deve achar sequência, conhecido como *leixa-pren*, típico dos desafios.

Vamos ler duas cantigas de amigo com exemplos de paralelísticas. A primeira é de D. Dinis (Cantigas..., 2014a) e a segunda, a "Cantiga de João Zorro" (Cantigas..., 2014f)

Ai flores, ai flores do verde pinho
se sabedes novas do meu amigo,
Ai Deus, e u é*?

Ai flores, ai flores do verde ramo,
se sabedes novas do meu amado,
Ai Deus, e u é?

Se sabedes novas do meu amigo,
aquele que mentiu do que pôs comigo,
Ai Deus, e u é?

---

* *ai deus, e u é?* – "Ai Deus onde ele está?" (o *u* equivale a *onde*).

Se sabedes novas do meu amado,
aquel que mentiu do que mi há jurado?
Ai Deus, e u é?
– Vós me preguntades polo voss'amigo
e eu bem vos digo que é san'e vivo.
Ai Deus, e u é?
– Vós me preguntades polo voss'amado
e eu bem vos digo que é viv'e sano.
Ai Deus, e u é?
– E eu hem vos digo que é san'e vivo
e será vosco ant'o prazo saído.
Ai Deus, e u é?
– E eu bem vos digo que é viv'e sano
e será vosc[o] ant'o prazo passado.
Ai Deus, e u é?

João Zorro

Em Lixboa, sobre lo mar,
barcas novas mandei lavrar,
ai mia senhor veelida!

Em Lixboa, sobre lo lez,
barcas novas mandei fazer,
ai mia senhor veelida!

Barcas novas mandei lavrar
e no mar as mandei deitar,
ai mia senhor veelida!

Barcas novas mandei fazer
e no mar as mandei meter,
ai mia senhor veelida!

As cantigas de amigo parecem pertencer a uma outra tradição, não mais à das cantigas provençais, mas a uma raiz popular – podemos até arriscar que as origens, possivelmente, estão numa época pagã*. Mostram uma intimidade afetiva com a natureza; a cantiga de amigo nasceu numa comunidade rural como complemento do bailado e do canto, como escreveram Saraiva e Lopes em *História da literatura portuguesa* (1955). Aparentemente, são mais pobres do ponto de vista formal: há uma estrutura fixa, o vocabulário é mais simples – o que não nos explica muito, pois há trovadores de origem nobre que fizeram cantigas de amigo, por exemplo, D. Dinis, rei de Portugal de 1279 a 1325, apreciador da poesia folclórica, e há cantigas com versões diferentes, por exemplo, "Avelaneiras floridas", assinadas uma pelo poeta culto Aires Nunes e outra pelo jogral João Zorro. Por fim, as cantigas não são tão fixas como pode parecer à primeira leitura. Cada uma tem seu encantamento, e vale a pena ler e escutar o maior número de cantigas trovadorescas possíveis.

---

* *Paganismo* é o termo criado pela Igreja Católica na Idade Média. Trata-se de religiões politeístas que baseiam o poder de suas divindades na força da natureza. Há festas em homenagem à época de colheitas, de solstício de inverno e de verão etc. (presente na literatura mitológica da corte do rei Arthur com a presença do mago Merlin, por exemplo).

> ## Para saber mais
>
> Graças à transcrição feita por musicógrafos em notação moderna de algumas cantigas medievais, conseguimos perceber a musicalidade e o ritmo desse cancioneiro. Podemos encontrar na internet cantigas de Martin Codax e de D. Dinis. Não sabemos exatamente como seria a sonoridade dessas cantigas, mas há espetáculos com uma aproximação e uma escuta moderna, como o de Rodrigo Pederneiras, coreógrafo do Grupo Corpo, que montou Sem mim (2011), com músicas de Carlos Nuñes e José Miguel Wisnik sobre a obra de Martin Codax, o "ciclo do mar de Vigo" – sete canções do cancioneiro profano medieval galego-português do século XIII que chegaram a nossos dias com as respectivas partituras da época. São cantigas de amigo, ou seja, o poeta se pronuncia em nome da mulher, mais especificamente de jovens apaixonadas que lamentam a ausência ou festejam a iminência do regresso do amado-amigo.

1.2.2 Cantigas satíricas: de escárnio e de maldizer

Essas poesias demoraram mais para serem editadas. Em 1965, foi lançada uma edição crítica pelo professor Rodrigues Lapa, *Cantigas d'escarnho e de mal dizer dos cancioneiros medievais galego-portugueses*. No final do mesmo ano, Natália Correia fez a compilação, tradução, prefácio e notas da *Antologia de poesia portuguesa erótica e satírica (dos cancioneiros medievais à atualidade)*.

Importantes essas compilações, tirando do ostracismo uma poética que colabora para a dessacralização da poesia, aparentemente atividade lúdica e inofensiva. Como escreveu Augusto de Campos (1988, p. 118), "só tem sentido enquanto põe em xeque e em choque a consciência fatigada do homem para restabelecê-lo em situação de lucidez perante o mundo". Não podemos, por moral, esquecer toda uma poética que reestrutura e aprofunda a compreensão e a consciência do homem; portanto, as cantigas satíricas não são piores estilisticamente falando, embora menos conhecidas e mais mal faladas. Como observa Rodrigues Lapa (1965, p. 12), em seu prefácio, "a publicação parcial do nosso rico espólio trovadoresco podia dar da nossa produção lírica uma imagem incompleta e deformada".

A poesia satírica dos trovadores é direta, prefere chamar as coisas pelos seus próprios nomes, sem eufemismos, adverte-nos Lapa (1965). É uma vertente realista da temática amorosa ou social do trovadorismo.

A temática da poesia de escárnio e das cantigas de maldizer gira em torno de nobres decadentes, nobres avarentos, padres de maus costumes, sovinice de ricos homens, prostitutas renomadas, episódios políticos e religiosos escandalosos, a posição da nobreza. Há outros grupos de poemas que nos mostram a disputa entre os jograis e os trovadores fidalgos; os primeiros eram simples executantes musicais que se dispunham a compor versos, e os outros defendiam a hierarquia que limitava a posição dos jograis de apenas acompanhantes.

Ũa dona, nom dig'eu qual
nom aguirou ogano mal
polas oitavas de Natal
ia por sa missa oir
e [houv'] um corvo carnaçal,
e nom quis da casa sair

A dona, mui de coraçom
oíra sa missa entom
e foi por oír o sarmom,
e vedes que lho foi partir:
houve sig'um corv'a carom,
e nom quis da casa sair.

A dona disse: – Que será?
E i o clérig'está já
revestid'e maldizer-m'-á
se me na igreja nom vir.
E diss'o corvo: – Quá, cá;
e nom quis da casa sair.

Nunca taes agoiros vi
des aquel dia em que naci
com'aquest'ano houv'aqui;
e ela quis provar de s'ir
e houv'um corvo sobre si
e houv'um corvo sobre si
(Cantigas..., 2014e)*

---

* Vocabulário: *agoirar/aguirar* – ler nos agoiros (arte de prever o futuro por meio das aves) *ogano* – este ano, há tempos; *oitavas de Natal* – no calendário religioso cristão, são os oito dias seguintes à festa do Natal; *oir* – ouvir; *carnaçal* – uma espécie de corvo; *mui de coraçom* – de muita boa vontade; *sarmom* – sermão; *partir* – impedir, demover; *sigo* – consigo; *a carom* – cara a cara; rente à pele (expressão ainda corrente em galego); *A dona disse: – Que será?* – a dona procura interpretar o agoiro; *revestide* – preparado para a missa (vestido com os paramentos); *E diss'o corvo: – Quá, cá* – o trovador procura traduzir o crocitar do corvo e ao mesmo tempo aludir ao apelo desse "corvo" (aqui, aqui); *aqueste/a* – este/a; *provar* – tentar; *sobre si* – a expressão é equívoca (Cantigas..., 2014d).

O trovador expressa com humor a história de uma mulher que não conseguia sair de casa porque um corvo a impedia. Ou ela não queria sair de casa porque havia um corvo, ou, ainda, o corvo previa que a dona não queira sair de casa. Enfim, baseada numa série de equívocos, o corvo impedia a tal dona de ir à missa. Essa era a desculpa por ter faltado à missa, assim "as más línguas" (ou, no caso, a língua de João Airas) expressam com bom humor um caso de uma mulher adúltera, trazendo elementos do universo dos agoiros.

A cantiga tem quatro estrofes de seis versos. Repete-se o último verso, "e non quis da casa sair", trazendo uma cadência humorada, além da ironia de presente na ideia de quem será que não quer sair de casa. No quinto verso de cada estrofe aparecem corvos de espécies diferentes, que trazem o agoiro, sendo que o último corvo está sobre si, ou seja, mais uma intrigante perspectiva que corrobora a dúvida anterior: Quem não quer sair de casa? E por quê?

As cantigas de escárnio e maldizer são musicais e humoradas. Podemos escutar as gargalhadas por trás das audições, antecipando a comédia *stand-up*.

Vale lembrar que as cantigas de escárnio e maldizer influenciaram poetas posteriores, como Gregório de Matos (1636-1695), o Boca do Inferno, justamente pelos poemas jocosos, bem elaborados mas marginalizados até recentemente pela crítica universitária.

> ## Para saber mais
>
> É possível ler e ouvir muitas cantigas, até mesmo musicadas e modernizadas, no site indicado a seguir:
>
> CANTIGAS MEDIEVAIS GALEGO-PORTUGUESAS.Disponível em:<http://www.cantigas.fcsh.unl.pt/index.asp>. Acesso em: 22 dez. 2014.
>
> Para dimensionar melhor a influência das cantigas de escárnio e maldizer em poetas posteriores, recomendamos a leitura da obra:
>
> MATOS, G. de. Poemas escolhidos de Gregório de Matos. Seleção e prefácio de José Miguel Wisnik. São Paulo: Companhia das Letras, 2010.

1.2.3 Prosa medieval

Em relação à prosa medieval, no meio palaciano, coexistiram junto às cantigas os relatos de aventuras dos cavaleiros da Távola Redonda. Há dois textos divulgados: *A demanda do Santo Graal* e o *Amadis de Gaula*. O primeiro era uma tradução do francês e narra as aventuras dos cavaleiros da Távola Redonda, do rei Arthur e a procura do Santo Graal, cálice no qual teria sido recolhido o sangue de Cristo (há várias leituras sobre essas aventuras). Originalmente, o material era pagão e foi redimensionado por valores cristãos. É o princípio de uma organização ética e moral: valoriza-se a devoção dos cavaleiros – a religiosa e também a um senhor –, a castidade como sinal de pureza (no caso de Galaaz, o único que poderia recuperar o cálice sagrado). Há várias versões dessas histórias; a que prevaleceu em Portugal é a que valoriza a castidade e a devoção religiosa dos cavaleiros.

O *Amadis de Gaula* é um dos mais famosos romances de cavalaria. É a história de Amadis, filho de D. Perion, rei de Gaula, com a princesa D. Elisene da Bretanha. Fruto proibido de um amor, foi colocado numa cesta, na correnteza de um rio, e encontrado por uma família abastada. Assim começa a trajetória do nosso herói. Conhece a princesa Oriana, por quem se apaixona, e é consagrado cavaleiro. A novela é importante por tratar do caráter do herói dos romances de cavalaria. Era uma das leituras prediletas de D. Quixote. Como *A demanda do Santo Graal*, *Amadis de Gaula* faz parte da tradição arturiana, que tem por personagens o mago Merlin, a fada Morgana, o rei Arthur, as aventuras de cavaleiros com sua ética.

A versão que chegou até nós é castelhana, de autoria de Rodriguez de Montalvo possivelmente tradução de um original português, da autoria de João Lobeira. A história se passa na longínqua Bretanha, embora as versões sejam castelhanas. Como escreveu Auerbach (2013), as histórias encontram-se deslocadas em relação ao lugar onde se desenrolam, parecem ter sido trazidas de lugares distantes para provar algo simples, doutrinas que ensejam uma história.

As narrativas desse momento histórico valiam principalmente pelos conceitos éticos e morais que difundem, pelas aventuras fantásticas em que os cavaleiros se metiam, geralmente para defenderem uma dama ou um reino, com elementos da mística bretã. Ao comentarmos essa literatura, não podemos abordar aspectos linguísticos porque são traduções e versões; portanto, não há a noção, como a conhecemos hoje, de autoria e de trabalho com a linguagem.

Para saber mais

Há uma versão modernizada em português de *Amadis de Gaula*, de Afonso Lopes Vieira, indicado a seguir. As novelas de cavalaria geraram um ciclo de histórias a elas relacionadas. Na literatura oral do Nordeste brasileiro, até hoje se cultivam essas narrativas. Por exemplo, a fama de um herói, conhecidos até meados do século XX, medieval, é o cavaleiro Ferrabrás, possivelmente inspirado em Amadis.

VIEIRA, A. L. O romance de Amadis. 2. ed. São Paulo: M. Fontes, 2010.

---

umpontotrês
Humanismo

O Humanismo é um período de transição entre a Idade Média e o Renascimento. Em Portugal, desenvolveu-se ao longo do século XV, coincidindo com a ascensão de ideais burgueses. A economia, até então caracterizada por valores medievais, passa a ser composta por atividades comerciais. O homem sai do campo e vai para as cidades, acabando com a servidão, e o dinheiro passa a ser mais valorizado do que os títulos de nobreza.

Enquanto, durante o feudalismo, a tendência filosófica era dirigida por valores da Igreja e a ideia de Deus guiava o homem, conhecida como *teocentrismo* (*teo*: deus; *centrismo*: centro), com o humanismo o homem passa a ser central na interpretação da realidade. É o antropocentrismo (*antropo*: homem; *centrismo*: centro), daí o nome: *humanismo*. Isso causou impactos na Igreja; no entanto, em nenhum momento, rompeu-se com os valores do catolicismo. O humanismo teve início na Itália, com o poeta Petrarca (1304-1374) e caracterizou-se pela pesquisa e pelo estudo de textos gregos e latinos, transformados em modelos e fontes temáticas.Esse termo se restringe à literatura e à filosofia, não englobando outras artes.

Nesse período, as primeiras gramáticas das línguas vulgares foram elaboradas, marcando a consolidação da língua e da literatura portuguesa. Em Portugal, Fernão de Oliveira escreveu a primeira em 1536 e João de Barros publicou a sua já em 1539-1540. Com isso, as línguas europeias passaram a ter prestígio. Podemos afirmar que a consciência nacional ia a par com a consciência imperial, e a língua aparece-nos pela primeira vez considerada como o espírito e a alma de cada nação, como escreveu Maria Leonor Carvalhão Buescu em *Aspectos da herança clássica na cultura portuguesa* (1979).

Fernão Lopes (1378-1460) foi nomeado cronista-mor do reino de Portugal e preocupou-se em documentar os acontecimentos e as narrativas históricas dos reis lusos, desenvolvendo a historiografia com rigor de pesquisa, seleção de documentos e testemunhos. Como diferencial, tratou das camadas populares e das populações das cidades, mostrando, assim, uma visão mais abrangente da história. Além do valor historiográfico, suas crônicas têm valor estético, porque aliam técnica e método da narrativa de ficção. A obra de Fernão Lopes é considerada a primeira grande obra em prosa da literatura portuguesa.

> A obra de Fernão Lopes (1378-1460) é considerada a primeira grande obra em prosa da literatura portuguesa. Suas crônicas têm valor estético porque aliam técnica e método da narrativa de ficção.

A poesia palaciana foi publicada no *Cancioneiro geral*, compilada por Garcia de Resende. A língua portuguesa já era bastante próxima da nossa. Consolidaram-se os versos conhecidos como *redondilha maior* (heptassílabos) e *redondilha menor* (pentassílabos), formas poéticas conhecidas como *medida velha*.

O gênero dramático teve suas primeiras manifestações de vulto com a obra de Gil Vicente, marcadamente medieval e popular, tanto na temática quanto nos valores. De acordo com Óscar Lopes e José Saraiva (1955), na obra vicentina há atmosfera incipiente humanista e renascentista.

Para saber mais

Vale a pena ler a obra de Gil Vicente, o primeiro grande escritor dramático da língua portuguesa. Recomendamos principalmente a leitura de *Auto da barca do inferno*, *Auto da alma* e *A farsa de Inês Pereira*. Existem boas edições críticas com notas e explicações que facilitam a leitura, por exemplo, da editora Ateliê, que contam com apresentação e notas de Ivan Teixeira. Ressaltamos que há traços do teatro vicentino em obras contemporâneas de caráter popular, como no caso de o *Auto da Compadecida*, de Ariano Suassuna.

Recomendamos também a leitura da *Divina comédia*, de Dante Alighieri (1265-1321), como uma brilhante síntese da Idade Média, cosmovisão de uma época, final do século XIII ao início do XIV.

Procure conhecer, ainda, a obra de Jerônimo Bosch (1450-1516), pintor que, ao retratar as alegorias, atormentado pelas ideias de pecado e de inferno, fundiu o real com o imaginário e impregnou a sensibilidade do final da Idade Média.

Outra leitura que retrata o final desse período é o livro *O nome da rosa*, de Umberto Eco. Publicado originalmente em 1980, a obra é situada em 1327, num mosteiro italiano e mostra o conflito dos valores nesse período entre a mentalidade da Idade Média – valores religiosos, moral católica – e o Renascimento. Gira em torno de uma série de crimes cometidos dentro de uma abadia. A palavra e o texto escrito passam a ter importância vital na organização do monastério beneditino. Foi transformado em filme em 1986.

Com isso, terminamos este capítulo, que começou com a formação da língua e encerrou-se com o advento do humanismo, no qual houve a consolidação da língua portuguesa.

Síntese

Neste capítulo, vimos aspectos fundadores da língua portuguesa, da linguagem oral até as primeiras manifestações literárias, as cantigas trovadorescas. Antes de lermos as cantigas galego-portuguesas, estudamos a poética de Arnaut Daniel, um autor que foi resgatado por Ezra Pound. Por meio desse estudo, você poderácompreender a poesia moderna em dois aspectos: o uso da metalinguagem e o tema do amor. Depois, examinamos a lírica trovadoresca galego-portuguesa, as cantigas de D. Dinis, as cantigas de amor e de amigo e como a sonoridade estava presente tanto nas cantigas de amor quanto nas cantigas de amigo. Esses elementos são fundadores de muitas canções populares brasileiras. Por fim, vimos as cantigas de escárnio e de maldizer, precursoras do humor e da sátira. Todas essas manifestações literárias fazem parte da nossa herança cultural.

Atividades de autoavaliação

1. Assinale a alternativa incorreta:

a. Nas cantigas de amor, o eu poético é masculino e o amor é idealizado.

b. Nas cantigas satíricas, não há eufemismo, é uma vertente realista da temática amorosa.

c. Nas cantigas de amigo, o eu poético é feminino e canta o amigo que está longe.

d. Nas cantigas galego-portuguesas, há forte influência da poesia persa.

2. "Flor do Lácio" se refere à:

a. flor que nasce no pântano.

b. região de nascimento do poeta latino Catulo.

c. região italiana onde nasceu a língua portuguesa.

d. é a parte mais oriental da Península Ibérica.

3. Leia a cantiga abaixo e assinale a alternativa correta:

Preguntar-vos quero, por Deus,
senhor fremosa, que vos fez
mesurada e de bon prez,
que pecados foron os meus
que nunca tevestes por ben
de nunca mi fazerdes ben.

Pero sempre vos soub'amar
des aquel dia que vos vi,
mais que os meus olhos en mi,
e assi o quis Deus guisar
que nunca tevestes por ben
de nunca mi fazerdes ben.

Des que vos vi, sempr'o maior
bem que vos podia querer,
vos quiji a todo meu poder;
e pero quis nostro senhor
que nunca tevestes por ben
de nunca mi fazerdes ben.

Mais, senhor, a vida com ben
se cobraria ben por ben.
(Cantigas..., 2014b)

a. O eu poético é feminino e lamenta a distância de seu amigo.

b. É uma cantiga de amor porque há paralelismo em sua forma.

c. É uma cantiga de amor porque é dedicada a "senhor fremosa", ou seja, a uma senhora idealizada.

d. É uma cantiga de amigo porque há rimas.

4 . Sobre a cantiga reproduzida na atividade 3, assinale V para verdadeiro e F para falso:

( ) Em relação às rimas, podemos afirmar que o segundo e o terceiro versos rimam em todas as estrofes.

( ) O eu poético lamenta a separação que houve entre ele e a sua amada porque ela viajou.

( ) O eu poético lamenta o distanciamento de sua amada, que não tem olhos para ele e questiona quais foram seus pecados.

( ) O nome da amada não é pronunciado porque está nas regras da vassalagem amorosa; assim, trata a sua amada de "senhor fremosa".

a. V, V, V, V.

b. F, V, V, V.

c. F, F, F, V.

d. F, F, V, V.

5 . Leia a cantiga a seguir, do trovador Fernando Esquio, que viveu entre o século XIII e XIV, e responda se as afirmativas apresentadas na sequência são verdadeiras V ou F:

Vaiamos irmãa, vaiamos dormir
en nas ribas do lago, u eu andar vi
a las aves meu amigo.

Vaiamos, irmãa, vaiamos folgar
en nas ribas do lago, u eu vi andar
a las aves meu amigo.

En nas ribas do lago, u eu andar vi
seu arco na mãao as aves ferir,
a las aves meu amigo.

En nas ribas do lago, u eu vi andar
seu arco na mãao a las aves tirar,
a las aves meu amigo.

Seu arco na mãao as aves ferir,
a las que cantavan leixá-las guarir
a las aves meu amigo.

Seu arco na mãao a las aves tirar,
a las que cantavan non nas quer matar
a las aves meu amigo.
(Cantigas..., 2014c)*

(   ) Nessa cantiga, o eu poético é uma mulher que convida a irmã para ir à beira do lago para se refrescar.

(   ) Nessa cantiga, o eu poético é uma mulher que convida sua irmã para ir à beira do lago para encontrar seu amigo, que ela viu com o arco na mão.

---

* Vocabulário: *amigo*: namorado; *folgar*: descansar, divertir-se; *vaiamos*: vamos; *u*: onde; *tirar*: atirar; *leixa-las guarir*: deixava-as salvar-se; *irmãa*: irmã.

(   ) As cantigas de amigo apresentam uma estrutura paralelística, isto é, a construção é baseada na repetição parcial dos versos.

No caso, as duas primeiras estrofes se repetem com a diferença de que, no primeiro verso, é usada a palavra *dormir*, enquanto no primeiro verso da segunda estrofe a palavra que temos é *folgar*.

(   ) A repetição constante de versos confere apenas rigidez à estrutura.

a. V, V, V, V.

b. V, F, V, V.

c. V, F, F, V.

d. F, V, V, V.

Atividades de aprendizagem

Questões para reflexão

1. Leia e copie a letra da música "A ostra e o vento", de Chico Buarque. Repare no ritmo, nas palavras empregadas. Quem é o sujeito da enunciação, o eu poético? Sobre o que fala? Compare com as cantigas provençais e responda: de qual se aproxima? Por quê? Enumere as coincidências.

2. Faça a mesma coisa com a canção *Um amor delicado*, de Caetano Veloso. Preste atenção no sujeito da enunciação, ou sujeito lírico, e em seu interlocutor e responda se há elementos que a aproximam de cantigas medievais. Quais? Por quê?

3. Leia a cantiga, reproduzida anteriormente (p. 53), de João Zorro, o jogral de Lisboa e do Tejo (viveu certamente durante o reinado

de D. Dinis). No século XX, a poeta Fiama Hasse Pais Brandão (1938-2007) fez uma releitura (intertextualidade) e usou a cantiga de João Zorro como epígrafe. Os autores estão distantes séculos um do outro. O jogral medieval compôs uma cantiga de amigo cuja "autora", a donzela, cantava seu desejo de ir ver as barcas que o rei mandou preparar e partir com seu amado. Fiama Hasse Pais Brandão, a poeta contemporânea, escreveu o poema em 1974, portanto, no final da guerra colonial portuguesa na África, e respeitou aspectos estruturais da poética feudal. Quais?

Barcas novas

En Lixboa, sobre lo mar
Barcas novas mandei lavrar.
Ai, mia senhor velida!
En Lixboa, sobre lo ler
Barcas novas mandei fazer.
Ai, mia senhor velida!

Barcas novas mandei lavrar
E no mar as mandei deitar.
Ai, mia senhor velida!
Barcas novas mandei fazer
E no mar as mandei meter.
Ai mia senhor velida!

Joan Zorro

Lisboa tem barcas
agora lavradas de armas

Lisboa tem barcas novas
agora lavradas de homens

Barcas novas levam guerra
As armas não lavram terra

São de guerra as barcas novas
ao mar mandadas com homens

Barcas novas são mandadas
sobre o mar

Não lavram terra com armas
os homens

Nelas mandaram meter
os homens com a sua guerra
Ao mar mandaram as barcas
novas lavradas de armas
Em Lisboa sobre o mar
armas novas são mandadas

Brandão (2006, p. 31)

Atividades aplicadas: prática

1. Faça uma pesquisa sobre intertextualidade, leia outro poema de Fiama Hasse Pais Brandão, poeta da geração 61, que reflete questões contemporâneas dialogando com a tradição. Repare que grafa *Joan Zorro*. Escreva um pequeno fichamento sobre intertextualidade e explique como se dá o conceito no poema abaixo. Há uma tese de doutorado disponível na internet, intitulada *A "fala perfeita" de Fiama Hasse Pais Brandão: um diálogo íntimo com a realidade*, importante para ser consultada, principalmente as páginas entre 29 e 53. O *link* para a tese é <http://www.teses.usp.br/teses/disponiveis/8/8150/tde-17092012-122751/publico/2011_VivianSteinberg_VCorr.pdf>. Acesso em: 14 jan. 2015.

O Texto de Joan Zorro

Levando ao limite, homenagem, o gesto da escrita, posso atribuir os meus textos a joan zorro. Existimos sobre o anterior. O movimento da escrita e da leitura exerce-se a partir da menor mutabilidade aparente da pedra e da maior mutabilidade da grafia. O progresso dos textos é epigráfico. Lápide e versão, indistintamente. (Brandão, 2006, p. 173)

2. Leia o *Auto da barca do inferno* (1516), de Gil Vicente, e o *Auto da Compadecida* (1957), de Ariano Suassuna. Lembre-se do conceito de intertextualidade e considere que são textos distantes por séculos. Reflita e escreva as relações existentes entre essas duas peças.

um	Origens e consolidação da língua e da literatura portuguesa
dois	**Renascimento, maneirismo e barroco**
três	Romantismo e realismo
quatro	Modernismo
cinco	Noções de literatura africana de língua portuguesa

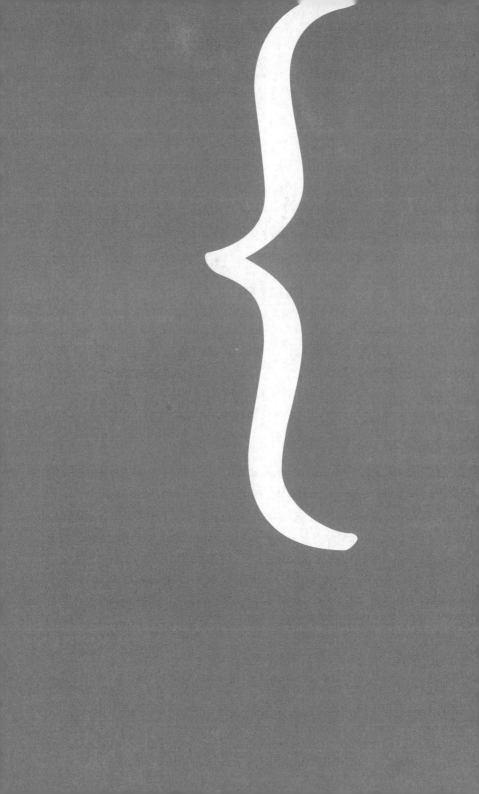

❲ NO SÉCULO XVI, o mundo passou por profundas mudanças, não apenas em aspectos políticos e econômicos, mas também nas artes. A estrutura social mudou, não havia mais o domínio completo da Igreja, as cidades começaram a se estruturar, e nasceu uma nova classe social, a dos comerciantes. As necessidades dos cidadãos aumentaram, o que fez o comércio se expandir além do horizonte do provável. Por outro lado, as ciências se desenvolveram, aproveitando a fragilidade da Igreja. O homem do Renascimento era um homem curioso, pronto para alargar seus horizontes e, nas artes plásticas, aconteceu literalmente isso, a perspectiva se tornou um traço dominante tanto nas pinturas como no arquitetura da época.

Portugal se tornou grandioso, justamente pelo período conhecido como o das Grandes Navegações, ou seja, descobriram-se novos caminhos para o comércio com as Índias e alcançaram-se as Américas. Foi um momento de turbulência, mas também de otimismo para Portugal. O rei D. Manuel encomendou um livro sobre esse período ao poeta Luís Vaz de Camões que virou referência em todo o mundo – *Os Lusíadas*, o qual vamos analisar, entre outras obras.

doispontoum
Renascimento e maneirismo – as navegações

O Renascimento é uma continuidade do que foi antecipado pelo humanismo. Como vimos no capítulo anterior, podemos afirmar que é uma consolidação de valores sociais, filosóficos e econômicos. Essa transformação, que poderemos colocar como uma mudança de perspectiva, aconteceu concomitantemente ao desenvolvimento das cidades: houve expansão dos horizontes, o que causava, por outro lado, inseguranças. A Itália se antecipou – foi seguida pelos principais países do Ocidente – e, a partir do final do século XV, entrou na fase do capitalismo mercantil.

Foi um período de profundas mudanças: a indústria se desenvolveu, os artesãos passaram a trabalhar para empresários, havia maior circulação monetária e, em contrapartida, maior procura por ouro, prata e outras mercadorias preciosas. Acumulou-se capital, as operações bancárias tornaram-se comuns. Desenvolveu-se o comércio e descobriu-se a rota para a Índia, o que provocou alta nos preços, arruinando-se a antiga economia, ou seja, o sistema feudal.

Para saber mais

Para se aprofundar, leia:

CHARTIER, R. (Org.). História da vida privada: da Renascença ao Século das Luzes. São Paulo: Companhia das Letras, 2009.

De outro ângulo, em relação à religião, a Igreja atravessava um momento difícil. Lutero, em 1517, protestou contra a venda de indulgências da Igreja. Com a invenção da imprensa, divulgaram-se os escritos de Lutero e de outros protestantes; a burguesia das cidades o apoiava para se ver livre do jugo da Igreja. Os camponeses, os artesãos e assalariados juntaram-se aos revoltosos porque a formação social, senhorial e mercantil os oprimia*. Por fim, os príncipes alemães, desejosos dos bens feudais da Igreja, aprovaram esse descontentamento e o rei da Inglaterra se separou do papa. Esse movimento ficou conhecido historicamente como *Reforma* e deu origem às igrejas protestantes e anglicanas (Chartier, 2009).

---

* A economia feudal estabelecia uma desigualdade social, privilegiando os nobres, e os camponeses eram sempre servos. Os artesãos não eram valorizados nem social nem economicamente, assim como os assalariados e camponeses nascentes.

Em resposta a esses protestos, o Papa Paulo III convocou o Concílio de Trento (1545-1563), ou seja, convocou uma assembleia do alto clero para assegurar a fé e a disciplina eclesiástica no contexto da Reforma Católica e em reação à divisão então vivida na Europa, a Reforma Protestante. Criaram-se seminários, confirmou-se a superioridade do papa sobre qualquer outro concílio ecumênico e foi instituído o *Index Librorum Prohibitorum* – relação dos livros proibidos pela Igreja – e um novo catecismo. Foi reorganizada a Inquisição, nada mais do que uma maior repressão. Em Portugal, a Inquisição foi retomada em 1536, antes mesmo desse concílio. Em 1544, o papa mandou suspender a execução das sentenças da Inquisição portuguesa; assim, os autos de fé sofreram uma interrupçãoe só foram retomados em 1552.

Esse momento histórico ficou conhecido como *Contrarreforma*, ou *Reforma da Igreja Católica*. A cristandade se dividiu: de um lado, a Península Ibérica, o mais forte baluarte do catolicismo; de outro, as cidades do Reno, do Báltico e do Mar do Norte, eixo do mundo protestante (Chartier, 2009).

No começo, o alvo dos inquisidores era a prática clandestina do judaísmo, que já desde 1496 não podia ser realizada. Isso trouxe outro grande problema para Portugal, porque a perseguição fez com que os cristãos-novos – ou convertidos – emigrassem para outros países, assim levando suas habilidades e seus conhecimentos comerciais, além das riquezas que não foram confiscadas. Em virtude da maior circulação de produtos no comércio e de pessoas estrangeiras, as cidades se tornaram cosmopolitas.

No mundo protestante, as condições foram mais favoráveis ao desenvolvimento das ciências e à expansão de uma cultura letrada na pequena burguesia.

Em Portugal, o rei concentrou maior poder político e econômico depois da descoberta do caminho para as Índias e, a partir das campanhas do Norte da África e da exploração do ouro das minas, monopolizou o comércio ultramarino; assim, a Coroa portuguesa adquiriu uma nova dimensão. "O pequeno Portugal ibérico transforma-se numa das maiores potências navais e comerciais da Europa", segundo Saraiva (2001, p. 153).

D. Manuel reinou de 1495 a 1521. Quando assumiu o poder, Portugal já tinha dobrado o Cabo da Boa Esperança e preparava a viagem marítima que levaria os portugueses à Índia. Porém, as dificuldades econômicas se acentuaram progressivamente desde os fins do seu reinado até a perda da independência, em 1580.

Em 1578, houve uma guerra no norte da África, que ficou conhecida como *Batalha de Alcácer Quibir*, ou *Batalha dos três reis*. Portugal foi derrotado e D. Sebastião desapareceu, transformando-se na personagem do mito do *sebastianismo*, que é a esperança de que haveria o retorno do rei, com repercussão até no Brasil*. Essa derrota contribuiu para a bancarrota econômica e política, o que levou a Coroa portuguesa a se integrar, desde 1580 até 1640, à hegemonia espanhola (Saraiva, 2001).

---

* Essa repercussão pode ser atestada em cantigas de origem popular, nas quais houve forte influência portuguesa, como no Nordeste brasileiro e em Santa Catarina, pela imigração de açorianos.

Estão na base do Renascimento, em relação a aspectos culturais, as questões anunciadas anteriormente, como a expansão do comércio, as atividades industriais, o desenvolvimento das ciências e o empreendimento nas navegações e no comércio marítimo.

Percebemos que é no Renascimento que aparece uma subjetividade que prenuncia o surgimento do sujeito moderno, como veremos em poemas de Sá de Miranda e de Luís de Camões, para ficarmos no nosso campo de estudos. Hauser (1976, p. 36-37) escreveu:

> Nada ilustra melhor a transformação cultural que ocorreu no curso da Renascença do que a mudança operada no conceito de individualismo. O individualismo é, por certo, um fenômeno de um tipo a que nenhum início histórico pode ser atribuído. Sempre houve indivíduos que se distinguiram dos outros, e sempre, desde que o homem viveu em estado de nudez, houve obviamente aqueles designados a dirigir outros, o mesmo estado de coisas ocorrendo no mundo animal. [...] mas só a partir da Renascença é que houve indivíduos não só cônscios de sua individualidade mas que deliberadamente a cultivavam ou procuravam cultivá-la. [...] A autoconsciência começa com a Renascença, no sentido da autoexpressão individual. [...]. A grande revelação da Renascença foi a energia espiritual e a espontaneidade do indivíduo, e sua grande descoberta foi a ideia de gênio e a obra de arte como criação deste.

Os artistas do período maneirista sacrificaram praticamente tudo aquilo que havia dado segurança ao artista-artesão da Idade Média e, em muitos aspectos, também aos artistas da Renascença que ainda não estavam totalmente emancipados do *status* de artesãos. Ou seja, foi sacrificada sua posição assegurada na sociedade, o amparo de sua corporação, seu relacionamento inequívoco com a Igreja, sua atitude tranquila em relação às regras da fé e da tradição artística. O individualismo proporcionou-lhes inumeráveis possibilidades que não estavam abertas aos artistas de épocas anteriores, mas a liberdade recém-adquirida era também um vazio em que, no qual chegaram quase a se perder (Chartier, 2009; Hauser, 1976).

O maneirismo é, de alguma forma, um aprofundamento do Renascimento. A novidade que a Renascença trouxe, relacionada àquilo que Hauser escreveu, foi a ruptura com uma mentalidade exclusivamente teocêntrica e uma sociedade estatizada — a sociedade medieval —, além de promover um resgate de estudos greco-romanos, o que aparece já no humanismo. O maneirismo, nas palavras de Hauser (1976), é o período da crise da Renascença. Enquanto isso, há no humanismo e na Renascença uma tentativa de reconciliação do legado da Antiguidade com o da Idade Média e, em ambos, com o presente que viviam, promovia-se um equilíbrio clássico. O período maneirista traz um conceito de impossibilidade de reconciliação, pois é um período em que o homem se encontra em crise — podemos dizer que são os primórdios do barroco. Tanto o maneirismo como o barroco eram fruto de uma corrente anticlássica e da mesma crise espiritual, uma fenda aberta entre os valores espirituais e os físicos, de cuja harmonia dependia a sobrevivência da Renascença, de acordo com Arnold Hauser (1976, p. 118).

A partir do contexto histórico comentado, vamos analisar algumas obras e autores, começando por Sá de Miranda, o introdutor de um novo ritmo na poesia, a medida nova, que trouxe da Itália.

doispontodois
Francisco de Sá de Miranda

O autor Francisco de Sá de Miranda (1481-1558), depois de completar seus estudos na Universidade de Lisboa, fez uma viagem para a Itália, em 1521, lugar prodigioso de vida cultural, berço do Renascimento. Conheceu personalidades marcantes, como Vitória Colonna, amiga de Michelangelo. Estudou a obra de Francesco Petrarca (1304-1374), Dante Alighieri (1265-1321), Guido Cavalcanti (1259?-1300), entre outros.

> A volta de Sá de Miranda a Portugal ficou registrada como marco inicial do classicismo português, ou seja, um olhar para os procedimentos literários renascentistas.

Voltou a Portugal em 1527 com essa bagagem cultural, absorveu novas técnicas, introduziu o verso decassílabo com acentuação nas sexta e décima sílabas, ou na quarta, oitava e décima sílabas, o que ficou conhecido como *medida nova*, mas nunca abandonou as formas tradicionais de redondilha, ou *medida velha.* É introdutor do soneto* na literatura de língua portuguesa. Trouxe uma nova maneira de escrever, distanciando-se das cantigas medievais, com maior refinamento da forma, conhecida como *dolce stil nuovo***. Colaborou no *Cancioneiro geral*, recolha de poemas organizada por Garcia de Resende.

A volta de Sá de Miranda a Portugal ficou registrada como marco inicial do classicismo português. Nesse momento, os poetas portugueses se inspiram nos poetas italianos, e surgiu um olhar para os procedimentos literários renascentistas. A data da morte de Luís de Camões, em 1580, mesmo ano em que Portugal perdeu a independência política, é considerada o fim dessa época. Essas datas têm mais um fim didático do que real, pois as fases, os estilos, as formas de pensamento não são desligados uns dos outros e não acaba um para começar outro. Isso não é real.

Vamos ler e analisar um poema bastante conhecido e citado, que causa um primeiro impacto pela temática tão moderna de Sá de Miranda, a quebra do sujeito.

> *Comigo me desavim,*
> *Sou posto em todo perigo:*
> *Não posso viver comigo*
> *Nem posso fugir de mim.*
>
> *Com dor, da gente fugia,*
> *Antes que esta assi crescesse:*
> *Agora já fugiria*
> *De mim, se de mim pudesse.*

---

* O soneto é uma forma desenvolvida pelo poeta italiano Francesco Petrarca (1304-1374). É um poema de 14 versos, separados em 2 quartetos (4 versos) e 2 tercetos (3 versos).

** *Dolce stil nuovo* é o verso de 10 sílabas poéticas, novidade para a época. O soneto faz parte do que ficou conhecido como "medida nova".

Que meio espero ou que fim
Do vão trabalho que sigo,
Pois que trago a mim comigo,
Tamanho imigo de mim?
(Sá de Miranda, 2014a).

O primeiro verso nos surpreende pelo desafio: claramente apresenta uma questão absolutamente moderna*, antecipando "eu é um outro", do poeta Arthur Rimbaud (1854-1891), vate da poesia moderna. O eu se mostra cindido – a quebra entre o *comigo* e o outro "migo" condensa um conteúdo e uma forma geniais.

Comigo podemos separar em *com* + *migo*, e *imigo*, no último verso, é uma forma condensada de *inimigo* ou *in* + *migo*; ou seja, na própria palavra temos o inimigo dentro de mim, o que se confirma pelos versos: "pois que trago a mim comigo/tamanho imigo de mim?".

O mundo não se mostra mais harmônico como, talvez, o homem feudal acreditasse ou sentisse, quando a natureza se mostrava tranquilizadora, confirmada pela "organização religiosa", e cada homem tinha seu "lugar" – não havia mobilidade social, e os ciclos se fechavam em feudos. Era uma sociedade protegida. Para o homem do Renascimento essa proteção não existia mais: a humanidade conquistou outras terras, a burguesia enriqueceu

---

* Embora escrito no século XV, Sá de Miranda antecipa uma questão para a Modernidade, a questão do sujeito, a quebra do sujeito. Como Hauser (1976) escreveu em relação ao Renascimento, podemos afirmar em relação ao modernismo: não que não houvesse uma crise de identidade, mas não se teorizava sobre isso, só no modernismo há a consciência dessa questão. Ele se torna consciente dessa problemática que envolve o sujeito poético.

e ganhou novos espaços, a ciência se desenvolveu e o ser humano percebeu que não estava, ou não era, o centro do Universo.

Sá de Miranda revela, numa síntese maravilhosa, questões pessoais, históricas, éticas e estéticas. Numa perspectiva ontológica, o poeta constata que o conflito interno faz parte da natureza humana e que carrega dentro de si seu próprio inimigo.

Em uma leitura mais atualizada, sabemos que todo poeta escreve primeiro sobre seu próprio ofício – não podemos perder de vista essa problemática, o que aprofundará a nossa leitura de poesia. Assim, em relação às questões poéticas, o sujeito lírico trava uma luta consigo mesmo para transformar em arte a linguagem que lhe foi internalizada pela cultura e pela sua formação, como nos alertaram Fernandes (2011) e Campos (1986).

Na segunda estrofe, "Com dor, da gente fugia", temos a tentativa de escapar da tradição, que se mostra impossível pelas palavras e pela forma do poema. O ritmo é marcado por versos de sete sílabas, com rimas a/b/b/a, c/d/c/d, a/b/b/a*. Ou seja, a medida velha é o que o aproxima das cantigas medievais, também pela sonoridade marcada pela forte presença das rimas, lembrando que podemos aproximar os versos que usam as mesmas rimas – por exemplo, *comigo* e *perigo*, a síntese máxima desse poema, além, é claro, da palavra *imigo*.

O sujeito poético, na terceira estrofe, comenta seu fazer, "Que meio espero ou que fim/do vão trabalho que sigo". Ora, seu

---

* Em outras palavras, a última palavra do primeiro verso rima com a do quarto verso; o segundo verso rima com o terceiro e assim por diante (Said Ali, 1999). As rimas se referem às últimas sílabas da última palavra.

trabalho é justamente escrever poemas, seu labor é o trabalho poético, o que lhe traz conflitos existenciais e sobre a elaboração de sua arte. Antecipa, assim, uma questão considerada moderna, mas que existiu sempre, desde que a palavra poética se faz presente. Recordamos o verso-síntese de Fiama Hasse Pais Brandão, poeta moderna: "Existimos sobre o anterior". Talvez na poeta moderna seja uma constatação, enquanto em Sá de Miranda é um conflito. Essa questão de estarmos condenados à tradição linguística e literária será já a angústia da influência estudada pelo crítico estadunidense Harold Bloom (1991)?

O poema de Sá de Miranda inspirou vários poetas contemporâneos dele, como Camões, que estudaremos a seguir, e outros como o modernista português Mário de Sá-Carneiro (1890-1916), no poema intitulado "7", de *Indícios de ouro*.

7*

Eu não sou eu nem sou o outro,
Sou qualquer coisa de intermédio:
Pilar da ponte de tédio
Que vai de mim para o Outro.

Lisboa, fevereiro de 1914
(Sá-Carneiro, 1995, p. 82).

Diferentemente do poeta renascentista, Sá-Carneiro denuncia o conflito entre o eu poético e o outro, ou seja, amplia o tema do inimigo de si, sugere a fragmentação entre o desejo de

---

* Esse poema foi musicado pela cantora e compositora Adriana Calcanhoto no álbum *Público*, de 1999.

ser uma pessoa comum e o anseio por assumir sua genialidade, que lhe permita transcender a banalidade do cotidiano. Maria Lúcia Outeiro Fernandes (2011, p. 5) analisa:

o eu lírico se dispersa, sem conseguir fixar-se numa identidade. Entregue à tristeza de não poder ser dois, o poeta é tomado por tal sensação de abulia, que o sujeito lírico se identifica não com uma ponte, que poderia estabelecer um contato entre as duas partes do seu ser, mas, com o 'pilar' de uma 'ponte de tédio'.

Quanto à forma e contrário à dispersão do sujeito poético, o poema é condensado. Se, por um lado, dialoga com a tradição com uma atitude provocadora, por outro valoriza o experimentalismo, na concisão da linguagem. Traz o tédio decadentista, de que trataremos mais adiante; isso caracterizou a passagem do século XIX ao século XX, na poética.

Outra questão fundamental levantada por Sá de Miranda está representada no poema a seguir:

O sol é grande, caem coa calma as aves,
Do tempo em tal sazão, que sói ser fria;
Esta água que d'alto cai acordar m'ia
Do sono não, mas de cuidados graves.

Ó cousas, todas vãs, todas mudaves,
Qual é tal coração qu'em vós confia?
Passam os tempos vai dia trás dia,
Incertos muitos mais que ao vento as naves.

Eu vira já aqui sombras, vira flores,
Vi tantas águas, vi tanta verdura,
As aves todas cantavam d'amores.

Também mudando-m'eu fiz doutras cores:
E tudo o mais renova, isto é sem cura!
(Sá de Miranda, 2014b)

Sá de Miranda usa a forma nova, ou seja, o poema é um soneto em metro decassílabo, marcando um assunto clássico. Decassílabos, ou seja, versos de dez sílabas poéticas, podem ser heroicos, acentuados nas sexta e décima sílabas, ou sáficos, nas quarta, oitava e décima sílabas. O sistema de rimas é a/b/b/a, a/b/b/a, c/d/c, d/c/d.

Se a escolha foi pelo soneto, notamos que não é um acaso: o tema é clássico, a forma é rebuscada. Outra questão importante na análise de um poema é a sonoridade das palavras, seu ritmo. Podemos dizer que a forma está completamente vinculada ao conteúdo, ou, como escreveu Pareyson (1918-1991), filósofo italiano: "Forma e conteúdo são vistos assim na sua inseparabilidade: o conteúdo nasce como tal no próprio ato em que nasce a forma, e a forma não é mais que a expressão acabada do conteúdo" (Pareyson, 1997, p. 56).

> Outra questão importante na análise de um poema é a sonoridade das palavras, seu ritmo. Podemos dizer que a forma está completamente vinculada ao conteúdo.

Por fim, entraremos em contato com as palavras e os significados, sem perder de vista os significantes. Ainda analisando como um todo, consideramos como tema central do poema o tempo, as mudanças. Podemos ler que o poeta faz alusão à imagem das aves logo na primeira estrofe, portanto relacionada à natureza, tema caro aos poetas clássicos, principalmente a Horácio. Por outro lado, remete à efemeridade da vida por meio da alusão às estações climáticas: parece verão ou primavera, mas "sói ser fria", inverno ou outono; há um descompasso. Primeiro uma harmonia, um acordar tranquilamente, naturalmente – ideia do homem renascentista: "esta água que d'alto cai acordar-m'ia". Mas "acordar-m'ia/do sono não, mas de cuidados graves". Ao trocar o "lugar" do sujeito poético, ou seja, em vez de acordar do sono, acordará de preocupações graves. Quebra-se a harmonia pela mudança, porque as coisas são mutáveis, é o desencanto do sujeito com o mundo.

Essa mudança também está vinculada à imagem das aves e, dentro do campo de mudanças, há inúmeras possibilidades: de estado (acordado/dormindo; triste/alegre; despreocupado/preocupado), de um lugar para outro (as aves voam, portanto se deslocam). A estabilidade de um estado tranquilo, próprio da Renascença, não está aqui representado, mas, sim, um estado em mudança, como as aves que sempre estão viajando.

Na segunda estrofe, o sujeito poético lamenta que as coisas são vãs, passageiras, todas "mudaves". Como ele pode confiar? – pergunta-se. Quem não pode confiar é o coração, então há um desmembramento, não é um sujeito inteiro. É o sujeito poético, na imagem do coração, que se encontra desencantado, desiludido, é o que sente, porque não pode confiar nas coisas mutáveis, que não permanecem como são, estáveis e harmônicas. Há uma nova metáfora para as mudanças: as embarcações, as naves, que são transportadas no espaço e no tempo e sempre estão em outros e novos lugares. Isso é motivo de angústia. Ainda complementando o deslocamento dos barcos, temos o vento que leva as naus. Assim como a natureza se transforma, o eu poético também: "mudando-m'eu fiz doutras cores". Mas é uma ruptura traumática, não ocorre serenamente, há angústia. O sujeito poético percebe o tempo e o eu cindidos: "tudo o mais renova, isto é sem cura!"

O verbo predominante na terceira estrofe é o *ver*: "Eu vira já aqui sombras, vira flores". Temos dois momentos se contrapondo, dialogando: o presente, por meio dos advérbios *já* e *aqui*, e o passado, marcado pelo verbo no pretérito mais-que-perfeito –*vira* – e no pretérito perfeito – *vi* – no verso seguinte.

Então, num tempo mais remoto, o sujeito poético viu sombras e flores; num tempo passado, mas nem tanto, viu águas e vegetação e as aves cantavam de amores. Refere-se aos trovadores que cantavam o amor. O cenário é natural, harmônico, emprestado da Antiguidade Clássica e presente nas "cantigas de amigo" em Portugal. Parece que a natureza continua em seu processo de constante mutação, mas as mudanças ocorridas no sujeito que vê o mundo são incomensuráveis. O olhar do eu muda.

Ver se faz presente na poética do Renascimento, justamente porque dois conceitos se complementam. Por um lado, há o conhecimento dos livros, da cultura clássica e dos padres; por outro, a cultura de quem vive, experimenta, resultante do Renascimento português, principalmente em função do período das Grandes Navegações.

A caracterização da estação "que sói ser fria" dialoga com "tudo é seco e mudo", que, além de adjetivar a natureza em mutação, também designa o sujeito. As coisas se renovam, mudam, são instáveis, portanto inseguras e, assim, não há saída para o sujeito. O discurso é construído de maneira lógica. No primeiro quarteto, apresenta os aspectos naturais; no segundo, desenvolve o tema, apresentando uma ideia de oposição, e depois retoma o cenário natural e a ideia de oposição. Aqui se dá, principalmente, pelos tempos verbais: *vira* e *vi*. No último terceto, apresenta-se a conclusão, confirmada pela pontuação; os dois-pontos acentuam a afirmação – é taxativa.

O poema, por ser construído como soneto, abre um diálogo com os humanistas. Percebemos uma presença da razão, pois assim o poeta organiza as provas, como sugere a lógica humanista. O verso final, "isto é sem cura", mostra o desencanto do sujeito, como se dissesse que não adianta se apegar a nada porque as coisas mudam. Isso é típico do homem do maneirismo, desencantado com o mundo que se apresenta: há uma crise religiosa (Reforma e Contrarreforma), econômica e política.

O poeta traduz um sentimento universal desse momento histórico, que são as angústias das transformações, dos deslocamentos, das mudanças de paradigmas. Se a forma é nova, o sentimento também – assim parece ao sujeito poético. A introdução dos valores renascentistas é processual e não acontece a partir de Sá de Miranda. Vejamos a seguir alguns poemas de Luís de Camões que dialogam com esses valores, seguidos de um estudo sobre ele.

doispontotrês
Luís de Camões

Não se tem a certeza sobre a biografia de Luiz Vaz de Camões. Supõe-se que nasceu em Lisboa, em 1524 ou 1525, e morreu também em Lisboa, em 1580. Quando nasceu, reinava D. João III, que governou Portugal de 1521 a 1557. Foi sucedido por D. Sebastião, que reinou entre 1557 e 1578, e pelo Cardeal D. Henrique, que esteve no trono até 1580, data em que morreu o poeta e Portugal passou para o domínio dos Filipes.

Aires da Mata Machado Filho, em sua *Introdução à Lírica de Luís de Camões* (1982), escreveu que Camões era filho de Simão Vaz de Camões e de Ana de Sá e Macedo. Pode ter nascido em Lisboa ou Coimbra, Alenquer ou Santarém. Era de uma modesta linhagem da fidalguia. Prestou serviço ao rei e perdeu o olho direito num combate em Ceuta, por volta de 1547.

Sobre *Os Lusíadas*, a crítica atesta a originalidade principalmente "no sopro do lirismo que agita os versos da epopeia singular" (Machado Filho, 1982, p. 13). Quanto à sua obra lírica, é reconhecida uma **unidade**, um **talento superior**:

> *A significação do indivíduo avulta, entre as características do humanismo renascente: nas ideias, nas ações, e também no sentimento poético. Lirista por temperamento, Camões vai ao ponto de antecipar traços do intimismo romântico.* (Machado Filho, 1982, p. 14)

Camões renovou a língua portuguesa, tornou-se um símbolo de identidade de Portugal e é uma referência a todos os escritores posteriores a ele. É considerado um dos grandes vultos da literatura ocidental, sendo traduzido em várias línguas.

2.3.1 A lírica

Luís de Camões escreveu uma obra grandiosa em versos. Em sua lírica, há poemas de acordo com a medida velha: as redondilhas; há elegias, canções e sonetos (medida nova). Vamos ler alguns exemplos dessa prodigiosa obra:

Mudam-se os tempos, mudam-se as vontades,
Muda-se o ser, muda-se a confiança;
Todo o Mundo é composto de mudança,
Tomando sempre novas qualidades.

Continuamente vemos novidades,
Diferentes em tudo da esperança,
Do mal ficam as mágoas na lembrança,
E do bem, se algum houve, as saudades.

O tempo cobre o chão de verde manto
Que já coberto foi de neve fria,
E em mim converte em choro o doce canto.

E, afora este mudar-se cada dia,
Outra mudança faz de mor espanto,
Que não se muda já como soia.

(Camões, 1982, p. 199)

LITERATURA ESTRANGEIRA EM LÍNGUA PORTUGUESA

O título dos poemas nos fornece uma espécie de chave para a leitura. O presente poema não tem título – não era comum na época; assim, não temos esse recurso, mas poderemos substituí-lo pelo primeiro verso, e a primeira palavra se torna o *spunto**: "mudam-se". É a questão principal e condutora de todo poema, como no soneto de Sá de Miranda. Essa palavra aparece, como substantivo ou verbo, cinco vezes na primeira estrofe. O sujeito poético constata a insegurança dessa "terra movediça", porque não sabemos o que ou quem encontraremos, tudo e todos mudam.

A imagem da natureza e as transformações que as estações estampam estão presentes: "O tempo cobre o chão de verde manto" – primavera; "que já coberto foi de neve fria" – inverno. Quando há sugestão de mudança relacionada à natureza, o tempo está incluído: o tempo que passa, a angústia do tempo que passa. O sistema de rimas é a/b/b/a, a/b/b/a, c/d/c, d/c/d.

Assim como para Sá de Miranda e para as cantigas de amigo, a natureza constitui referência para Camões. É a noção aristotélica de que a natureza é perfeita e, portanto, cabe ao artista imitar esse mundo natural – noção de mimese. Nos poetas maneiristas ou do Renascimento, o mundo natural é a base da criação artística. Podemos afirmar que, até hoje, a poesia se inspira na natureza, a poesia quer se colar ao objeto olhado. A natureza faz parte de um dos *topoi*** clássicos.

---

* *Spunto*: motivo inspirador, ponto de partida.

** *Topoi*, em grego, significam locais ou lugares de argumentação, lugares em que se encontra algo; lugares de argumentação, prática de retórica. No caso, a natureza faz parte de um lugar especial para o homem se reencontrar.

A partir de Aristóteles, podemos depreender três ideias básicas de mimese:

1. Como representação: o artista olha para a natureza e a transpõe como se fosse uma fotografia; quer fazer uma cópia fiel do mundo natural.

2. O artista é um criador: olha para a natureza e a cria à semelhança dela, a criação não é idêntica, precisa de um intérprete, que cria outro mundo.

3. O mundo natural existe e o artista o olha, mas cada um olha o mundo natural diferentemente. Cada artista tem um modo de apreender o mundo à sua maneira. A natureza desperta sensações diferentes (Aristóteles, 1981).

"Mudam-se os tempos, mudam-se as vontades" – tudo muda: os tempos, o ser, a vontade, a confiança. "Todo o Mundo é composto de mudança,/Tomando sempre novas qualidades"– há uma gradação, qualidades têm sentido de características. As mudanças e as novidades surpreendem, ideia que é reforçada no quarto e no quinto versos; nunca sucederam anteriormente, é sempre novidade, assim o sujeito poético está desprevenido. O novo surpreende, não se sabe lidar com isso, por isso é negativo, decepcionante, motivo de insegurança para o homem do Renascimento.

Outro fator que chama atenção é em relação à forte presença de um raciocínio lógico, valorizado pelo humanismo e relacionado à estrutura do soneto. Na segunda estrofe, o sujeito poético se mostra desiludido, também quando acontece algo que é bom, porque o que sobra são saudades, o que também gera angústia. Assim, o sujeito poético vai lidando com as oposições, ou antíteses: bem/mal; choro/canto. Poderia estar feliz: o "doce canto" é convertido em choro, o que decorre da mudança das coisas. O poema prenuncia o barroco, no qual o homem se mostra dividido, surgem as oposições, os contrastes, e Camões é considerado um poeta do maneirismo, transição entre o Renascimento e o barroco.

A natureza confirma o motivo: "mudam-se os tempos"; se há uma renovação, ela torna o sujeito desencantado, sem confiança. Podemos dizer que o sujeito é desconcertado, palavra cara a Camões – "É tudo quanto sinto, um desconcerto" – ou é concertado – "Eu cantarei de amor tão docemente,/por uns termos em si tão concertados", em outro poema, cujo primeiro verso é o mencionado. É o sujeito desencantado diante de mudanças e de novidades. Por um lado, não há ordem nessa mudança; assim, tudo se perde. Por outro, há os costumes que trazem uma ordem, uma organização. Poeticamente, Camões nos presenteou com o verso "Que não se muda já como soía" – que não se muda como era costume, como era antes. Ou seja, o sujeito poético sente o desconcerto do mundo, parece que não há uma ordem, tudo está em profunda mutação, inclusive a natureza com suas estações. Isso angustia o homem do Renascimento. Enquanto, na Idade Média, havia regras rígidas, classes sociais imóveis e a Igreja tinha um poder absoluto, no Renascimento tudo muda, não há mais segurança nem nos conceitos propagados pela Igreja e pela ciência da época.

O desencanto, desengano ou desconcerto que o sujeito poético denuncia é como se ele fosse tirado do encanto, do engano e do mundo concertado, arrumado, da harmonia que acreditava que existisse, antes de se perceber cindido. Parece haver uma contestação na visão de mundo do homem renascentista/maneirista, na qual ele é o centro do mundo e não consegue mudar a natureza – por isso a arte de Camões é considerada maneirista prenunciando o Barroco.

Tanto de meu estado me acho incerto,
Que em vivo ardor tremendo estou de frio;
Sem causa, juntamente choro e rio,
O mundo todo abarco e nada aperto.

É tudo quanto sinto um desconcerto;
Da alma um fogo me sai, da vista um rio;
Agora espero, agora desconfio,
Agora desvario, agora acerto.

Estando em terra, chego ao Céu voando,
Num'hora acho mil anos, e é de jeito
Que em mil anos não posso achar um'hora.

Se me pergunta alguém porque assi ando,
Respondo que não sei; porém suspeito
Que só porque vos vi, minha Senhora.
(Camões, 1982, p. 154-155)

Trata-se de outro soneto em decassílabos heroicos (acentuação na sexta e décima sílabas, contrapondo os decassílabos sáficos, cujas sílabas tônicas estão na quarta, oitava e décima sílabas), com rimas: a/b/b/a, a/b/b/a, c/d/e, c/d/e. O primeiro verso traz o tema do poema: "Tanto do meu estado me acho incerto". Camões explicará melhor no primeiro verso da segunda estrofe: "É tudo quanto sinto, um *desconcerto*". Novamente aparece o termo *desconcerto*, palavra que resume o mal-estar do homem maneirista, aqui não relacionado ao tempo que passa, mas a seus sentimentos. O desconcerto do mundo reside na própria relação entre a sorte do indivíduo, do sujeito poético, e um destino com que ele se depara e que, ao mesmo tempo, lhe é opaco. As antíteses frequentes em sua poética constroem um pensamento racional, tendem a um equilíbrio mesmo que relacionado ao amor, a um sentimento difuso e confuso, que se expressa por meios de contrastes. A construção do poema é tão bem feita que parece um espelho. Já destacamos a relação entre os primeiros versos das duas primeiras estrofes; atentemos agora para os segundos: "que em vivo ardor tremendo estou de frio" e "da alma em fogo me sai, da vista um rio". *Ardor* relacionamos com *fogo*, contrários à ideia de frio, e *rio* com *água*, outro elemento da natureza. E com a palavra *rio*, no caso apresentado, o autor se refere ao choro que sai dos olhos, como um rio. Portanto, usa a imagem do rio para o choro. No outro caso, refere-se ao verbo *rir*, contrapondo a choro.

A palavra *agora*, repetida quatro vezes na segunda estrofe, mostra a fixação no momento presente; refere-se a um estado de momento. Portanto, nesse poema, não se trata da angústia da passagem do tempo, mas do desvario que a paixão inspira. O presente se torna eterno.

A expressão "num'hora acho mil anos [...] / que em mil anos não posso achar um'hora" é usada como metáfora da relatividade do tempo quando o eu poético pensa em sua Senhora. Não se refere à mudança dos tempos que a natureza expressa tão bem com as estações, mas a um estado confuso e que ele explicará – ou denunciará – no último verso, "que só porque vos vi, minha Senhora", relatando o tema do amor, caro a toda poesia. Dois comentários seriam pertinentes. O primeiro remete ao verbo *ver* – *vi*, olhos que mostram a experiência, extremamente importante para o homem do Renascimento (pense nas navegações), questão de que trataremos um pouco mais quando nos detivermos em *Os Lusíadas*. O segundo comentário é relativo à expressão termo "minha Senhora", agora modificado em relação às cantigas, "mia senhor". *Senhora*, com letra maiúscula, refere-se a uma entidade, mostra a mulher idealizada, como nas cantigas; é o amor platônico, que não se concretiza, e o sujeito poético está transtornado só porque a viu.

Camões não escreveu apenas sonetos em decassílabos, considerados medida nova. Escreveu vários poemas em redondilhas, próximo às cantigas medievais e às populares, com um ritmo circular, ao contrário dos decassílabos, que têm um tom mais nobre, com temática mais filosófica, tradição na poética da literatura portuguesa.

Transcrevemos, a seguir, um poema que dialoga com o de Sá de Miranda: este tem mote, portanto não faz parte dos sonetos; é conhecido como *redondilha*, ou *medida velha*. O exemplo a seguir foi composto em redondilha maior, sete sílabas poéticas, portanto medida popular, conhecido como *vilancete*, composição comum na Península Ibérica na época do Renascimento. Embora o poeta use essa forma, ele a contrapõe pelo tema que não é popular, é filosófico, pois trata da angústia das contradições que o sujeito poético encontra em si mesmo, ciente do desconforto de se deparar consigo mesmo.

Este poema de Camões nos mostra o drama do homem moderno, já consciente do seu eu e que só no século XX foi mais estudado por Sigmund Freud com a psicanálise.

Mote seu
De que me serve fugir
De morte, dor e perigo,
Se me eu levo comigo?

Voltas
Tenho-me persuadido,
Por razão conveniente,
Que não posso ser contente,
Pois que pude ser nascido.
Anda sempre tão unido
o meu tormento comigo
que eu mesmo sou meu perigo.

E se de mi me livrasse,
nenhum gosto me seria;
que, não sendo eu, não teria
mal que esse bem me tirasse.
Força é logo que assi passe:
ou com desgosto comigo,
ou sem gosto e sem perigo.
(Camões, 1982, p. 94-95)

O sujeito poético se mostra desconfortável com ele mesmo e sabe que não adianta fugir porque o levará consigo. É o mote da redondilha. Está em medida velha, estrutura antiga. Os versos são heptassílabos – têm sete sílabas –, redondilha maior. É um vilancete. Podemos afirmar, então, que o poema deriva das cantigas populares, o ritmo é popular. O tema, porém, não é popular, há um conflito, um pensamento sofisticado do qual não há saída.

O poema mostra uma autoconsciência – consciência do eu – que Hauser (1976) apontou como específico da Renascença. Junto com essa autoconsciência, o Renascimento traz a ideia do artista como aquele que vê além. Como continua Hauser (1976) a argumentar: o poeta sacrifica tudo o que havia dado segurança ao artista da Idade Média, ou seja, sua posição assegurada na sociedade, seu relacionamento inequívoco com a Igreja, sua atitude tranquila em relação às regras da fé e da tradição artística. Essa cantiga, embora em versos populares, distancia-se dessa tradição pelo tema, pela abordagem de um conflito de um homem do seu tempo.

"Tenho-me persuadido,/por razão conveniente" – a estrutura do verso é equilibrada e a palavra *razão* confirma isso. Na sequência, continua a construir um pensamento e a argumentar por que não pode ser contente. O tormento é o mesmo de Sá de Miranda: "Anda sempre tão unido/o meu tormento comigo/que eu mesmo sou meu perigo", de Camões, e "Comigo me desavim", de Sá de Miranda.

Na última estrofe, conclui que não há saída: se porventura conseguisse se livrar de si mesmo, de nada adiantaria, porque o que sobraria não seria ele. Há um jogo de palavras – antíteses – entre *bem* e *mal*, entre *gosto* e *desgosto* e na sequência do pensamento, entre *gosto* e *perigo*: "Força é logo que assi passe,/ ou com desgosto comigo,/ou sem gosto e sem perigo". Em sua conclusão, o sujeito poético tem a consciência de que sem ele estar presente também não há gosto, ou seja, prazer. Relaciona o equilíbrio e a harmonia a um estado de não ser ele, a um não perigo e a um sem gosto.

Essa cantiga tem uma forma muito interessante porque, por um lado, é cantiga – popular; por outro, traz um pensamento lógico, próprio do humanismo, mas esse pensamento não é apaziguador nem equilibrado, embora cheio de antíteses e de ponderações. Ao contrário, o eu poético se mostra em profundo conflito – sem saída, anunciando o estilo barroco.

Agora vamos a um soneto conhecido e ainda não superado na definição de *amor*:

> *Transforma-se o amador na cousa amada,*
> *por virtude de muito imaginar;*
> *não tenho, logo, mais a desejar,*
> *pois em mim tenho a parte desejada.*
>
> *Se nela está minha alma transformada,*
> *que mais deseja o corpo de alcançar?*
> *Em si somente pode descansar,*
> *pois consigo tal alma está liada.*
>
> *Mas esta linda e pura semideia,*
> *que, como um acidente em seu sujeito,*
> *assi co a alma minha se conforma,*
>
> *está no pensamento como ideia;*
> *e ao vivo e puro amor de que sou feito,*
> *como a matéria simples busca a forma.*
> (Camões, 1982, p. 162-163)

Para se contrapor ao primeiro poema, uma cantiga em redondilhas, propomos agora um soneto em versos decassílabos, em tom solene, tendo como assunto o amor, tema presente nas cantigas de amor.

O primeiro verso desse poema é do poeta italiano Francesco Petrarca: *"L'amante nel amato si transforma"*. O empréstimo do verso era um procedimento comum, nada tem a ver com o que hoje conhecemos como *plágio*. Mostra-se aqui, em grau extremo, o que resulta do conceito de amor, segundo Platão, discutido nos diálogos travados na obra *O banquete*. O poeta idealiza a amada, a qual já tem em si, ou seja, como se já a conhecesse em seu imaginário, já existia como ideia para o amador e, por já ter a "ideia" da amada, quando a encontra no mundo real, se apaixona. Esse é o conceito original do "amor platônico". Aquele que ama se transforma na amada. A beleza das coisas do mundo imanente não passa de uma imitação da ideia da beleza.

Para saber mais

Ler sobre o mito da caverna em *A República (Livro VII)* de Platão e sobre o amor em *O Banquete* de Platão. A ideia de amor para Camões, presente nesse poema e em outros com a mesma temática, é uma "releitura" que Camões fez de Platão.

O sujeito se transforma no objeto que ama, o amador é aquele que ama e se transforma naquele que é amado, por meio da imaginação; é um tratado de lógica, um silogismo sobre o amor. A efetivação do amor se faz por muito imaginar: "por virtude o muito imaginar;/não tenho, logo, mais que desejar,/pois em mim tenho a parte desejada." O corpo se satisfaz por aquilo de essência que há – é a ideia do neoplatonismo, inspira-se no conceito de que transcendemos a realidade terrena, o mundo visível, no qual só se projetam sombras do mundo ideal, em que há comunhão com a alma.

O que move o sujeito é o amor, lembra o trovadorismo. A ideia não pode separar-se da forma, ou seja, a alma não pode separar-se do corpo, da matéria. Ao mesmo tempo que escreve sobre o amor, o poeta escreve sobre a arte poética, ou seja, comenta sobre o "fazer poético". "A matéria simples busca a forma", a alma busca a matéria, as palavras buscam a forma da expressão. Portanto, compara as agruras em relação ao amor às dificuldades de encontrar as palavras certas, o ritmo que expressará o que sente e o que pensa.

É o *desejo*, conceito aristotélico – não adianta apenas a posse espiritual, assim como não adianta apenas uma ideia sem escrevê-la. O conceito platônico de ideia vem reforçado pelo conceito aristotélico da forma. Hernâni Cidade (Camões, 1982, p. 163, grifo do autor) escreveu: "A linda e pura semideia é, ao mesmo tempo, a *ideia* em que *a alma se transforma*; é a forma que ele, *feito de puro amor*, busca como se fosse *matéria simples*; mas é também o *acidente*, de categoria ontológica inferior à *forma*, vivendo nele como em seu sujeito". O sujeito poético quis exprimir a ideia de íntima inerência em si da imagem da mulher amada.

> O que move o sujeito é o amor, lembra o trovadorismo. A ideia não pode separar-se da forma, ou seja, a alma não pode separar-se do corpo, da matéria. Ao mesmo tempo em que escreve sobre o amor, escreve sobre a arte poética.

O poema começa pela palavra *transforma-se* e termina com a palavra *forma*; assim, o poeta traça um círculo. Cunha (1980, p. 42-43) comenta: "a transformação é sempre renovada, permanece sempre em essência, não só como insatisfação, indispensável à permanência do amor, não só como possibilidade à procura do ato, mas também como uma fatalidade que o faz permanecer dentro do redemoinho da sua contingência humana".

Além desse olhar para a questão apresentada pela professora, argumentamos que esse movimento – esse círculo que começa com o *transformar* e termina com a *forma* – tem relação com a escrita: é a renovação e as impossibilidades constantes que o poeta vivencia em seu ofício. O verso "como a matéria simples busca a forma" retrata a impossibilidade de se concretizar qualquer coisa, inclusive o poema. Talvez por isso seja um soneto em versos decassílabos, uma forma rígida para conter uma ideia profunda.

Podemos, então, analisar esse soneto por duas vias. Uma não inviabiliza a outra; ao contrário, soma-se à ideia do amor e suas impossibilidades, a ideia do trabalho com as palavras.

2.3.2 A epopeia – *Os Lusíadas*

Camões dialoga com Petrarca e com outras epopeias: *Ilíada, Odisseia, Eneida*. As epopeias retratam um momento de conflito, de luta contra obstáculos, empecilhos, difíceis de superar. É um poema heroico narrativo extenso, no qual se contam grandes feitos de um povo, com base em fatos históricos, de um ou vários indivíduos, reais, lendários ou mitológicos. A essência do épico é a demonstração de força, de coragem: são valores bélicos.

Outro aspecto da força é a resistência, não se deixar vencer por obstáculos.

As epopeias narram os grandes feitos. Eram feitas para serem cantadas e ouvidas; assim, os versos são musicais. E sempre trazem uma ideia de deslocamento.

Segundo Aristóteles (1981), a epopeia é a imitação de homens superiores, em versos com métrica única e forma narrativa de tempo ilimitado, diferindo da tragédia, em tempo determinado – por exemplo, tudo se passa em um dia. O filósofo enunciou, , em *Arte poética*, que a característica das epopeias é a mescla de vozes*.

Na epopeia camoniana há a voz épica, aquela que narra os acontecimentos. Ao longo do poema, essa voz é delegada a Vasco da Gama, depois ao velho do Restelo e a Inês de Castro, além de outras vozes periféricas.

Outra questão importante a respeito das epopeias clássicas – da tradição greco-latina – que mostra uma sofisticação é relativa ao enredo, que não segue uma ordem cronológica. Por exemplo, na *Ilíada*, a narrativa começa perto do fim. Mesmo conhecendo

> As epopeias narram os grandes feitos. Eram feitas para serem cantadas e ouvidas; assim, os versos são musicais. E sempre trazem uma ideia de deslocamento.

---

* O filósofo da linguagem Mikhail Bakhtin (1895-1975) usou o termo *polifonia* – várias vozes – para se referir à literatura de Dostoiévski em: BAKHTIN, M. Problemas da poética de Dostoiévski. Rio de Janeiro: Forense, 2008.

o enredo, as pessoas se interessam, leem pelo prazer estético, é uma depuração dos fatos projetados.

Nas epopeias clássicas, Aquiles é o guerreiro que não teme, que vai e acomete, enquanto Ulisses não se distingue tanto pela força, mas é "homem de infinitos recursos", aquele que pensa, que é paciente porque passa por muitas coisas, que sofre e busca muitas saídas e soluções. Em *Os Lusíadas*, Vasco da Gama é prudente, constante, sabe se acomodar às eventualidades e não se deixa levar pelas adversidades. Portanto, há duas facetas do épico, ou dois tipos de heróis: um corajoso, outro paciente.

Luís de Camões dedica seu poema a D. Sebastião, rei de Portugal entre 1557 a 1578, ano em que fez uma expedição para guerrear contra os mouros no norte da África e desapareceu em Alcácer Quibir, como já comentado. *Os Lusíadas* foram publicados em 1572, portanto anterioriormente a essa fatalidade que se transformou em pretexto para o mito do sebastianismo*. Em 1580, assumiu o poder o rei da Espanha, primo de D. Sebastião, e assim morreram as esperanças da grandiosidade de Portugal.

---

* O mito do sebastianismo surgiu depois que D. Sebastião sumiu em uma batalha na África, ou seja, nunca encontraram seu corpo, o que comprovaria sua morte. Assim, D. Sebastião se transformou num mito que acredita "no regresso do Desejado", como era conhecido o rei. Esse mito foi difundido primeiro por um sapateiro de Trancoso conhecido como Bandarra e, depois, pelo padre Vieira em sua *História do futuro*. Fernando Pessoa, na obra *Mensagem*, na terceira parte, "O Encoberto", faz uma interpretação sebastianista da história de Portugal, trata de D. Sebastião e do mito de seu desaparecimento. Termina o poema com "É a Hora!", em função de uma interpretação mítica de Portugal, como uma ressureição de um passado próspero. Há uma leitura mística de *Mensagem*, de que o destino de Portugal não é deste mundo, mas de outro, do espiritual. É o "povo escolhido".

Camões retrata, em *Os Lusíadas*, o momento culminante do povo português. A matéria da epopeia se prende a questões históricas e, assim, as figuras humanas que intervêm no poema esboçam fatos ocorridos. Porém, como em toda epopeia, essa é a história do humano e do divino. Retrata um dos grandes momentos da história da civilização, o contato entre o Ocidente e o Oriente: "por mares nunca dantes navegados".

Foi construída em decassílabos heróicos – é uma adaptação do hexâmetro clássico –, o que cria um tom solene. São dez partes, chamadas de *cantos*, dispostos em oitavas, com o esquema de rimas: a/b/a/b/a/b/c/c. É a epopeia moderna mais perfeita, é um poema muito visual.

Divide-se em cinco partes: a proposição, em que a voz épica conta qual será o tema do poema; a invocação, em que a voz épica solicita o auxílio das divindades que dirigem a atividade poética – as musas, Calíope, na poesia clássica, e as Tágides*, em Camões; a dedicatória, na qual o poeta homenageia D. Sebastião; a narrativa propriamente dita, que relata a viagem de Vasco da Gama às Índias, entre 1497 e 1499; e o epílogo, no qual a voz poética encerra o poema e faz considerações sobre a matéria narrada e a realidade social que a cerca.

Vale a pena ler o poema na íntegra. Vamos ler as cinco primeiras estrofes de *Os Lusíadas*. Feita uma leitura silenciosa e entendido o vocabulário, é importante ler em voz alta para captar o ritmo do poema.

---

* Tágides são as ninfas do rio Tejo, que banha a cidade de Lisboa; elas assumem o papel das antigas musas.

Canto I (Fragmento)

As armas e os barões assinalados
Que, da Ocidental praia Lusitana,
Por mares nunca dantes navegados
Passaram ainda além da Taprobana,
Em perigos e guerras esforçados
Mais do que prometia a força humana,
E entre gente remota edificaram
Novo Reino, que tanto sublimaram;

E também as memórias gloriosas
Daqueles Reis que foram dilatando
A Fé, o Império, e as terras viciosas
De África e de Ásia andaram devastando,
E aqueles que por obras valerosas
Se vão da lei da Morte libertando:
Cantando espalharei por toda parte,
Se a tanto me ajudar o engenho e arte.

Cessem do sábio Grego e do Troiano
As navegações grandes que fizeram;
Cale-se de Alexandre e de Trajano
A fama das vitórias que tiveram;
Que eu canto o peito ilustre Lusitano,
A quem Neptuno e Marte obedeceram.
Cesse tudo o que a Musa antiga canta,
Que outro valor mais alto se alevanta.

E vós, Tágides minhas, pois criado
Tendes em mi um novo engenho ardente,
Se sempre, em verso humilde, celebrado
Foi de mi vosso rio alegremente,
Dai-me agora um som alto e sublimado,
Um estilo grandíloco e corrente,

Por que de vossas águas Febo ordene
Que não tenham enveja às de Hipocrene.

Dai-me huã fúria grande e sonorosa,
E não de agreste avena ou frauta ruda,
Mas de tuba canora e belicosa,
Que o peito acende e a cor ao gesto muda.
Dai-me igual canto aos feitos da famosa
Gente vossa, que a Marte tanto ajuda;
Que se espalhe e se cante no Universo,
Se tão sublime preço cabe em verso.
(Camões, 1983, p. 71-72)

A proposição é composta pelas três estrofes iniciais – a voz poética se propõe a cantar os feitos portugueses, a expansão do Império na Ásia – o "Novo Reino". Serão celebradas também as memórias dos reis portugueses, "os barões assinalados", ou seja, os nobres e reis que se destacaram no empreendimento. O poeta usa a metonímia "as armas" para se referir a cavaleiros e guerreiros que se envolveram na expansão do império. "Taprobana" é a ilha de Ceilão, hoje Sri Lanka; à época, era o limite do mundo conhecido pelos europeus. Ao contrário do historiador humanista Fernão Lopes, em que a participação popular teve destaque, em *Os Lusíadas* os fatos históricos são vistos como resultado de ações de heróis, com a participação de reis e nobres – é a visão da elite; ao longo do poema, esse olhar se modifica, aparecem outras vozes.

Na segunda estrofe, "terras viciosas" se refere a terras não cristãs, outra questão importante no mundo renascentista, a expansão do cristianismo: "foram dilatando/a Fé, o Império, e as terras viciosas/de África e de Ásia andaram devastando".

"Engenho e arte" é o dom dos deuses, está relacionado à poética clássica, é binômio da arte, pressupõe o domínio da técnica do fazer artístico e a capacidade inventiva do poeta. Faz parte do vocabulário renascentista de Camões.

O trecho "Cessem do sábio Grego e do Troiano/as navegações grandes que fizeram" se refere a Ulisses, herói da *Odisseia*, e a Enéas, herói da *Eneida*. A voz épica considera os feitos heroicos portugueses mais grandiosos do que os realizados pelos heróis da Antiguidade: Ulisses, Enéas, Alexandre e Trajano. Estes dois últimos são personagens históricos: Alexandre, o Grande (rei da Macedônia e grande conquistador) e Trajano (imperador romano, grande conquistador e administrador).

"Que eu canto o peito ilustre Lusitano,/a quem Neptuno e Marte obedeceram": vai cantar o povo português, que foi capaz de submeter os mares (Netuno) e vencer as guerras (Marte) e, ainda, faz calar a "Musa antiga". Em relação à musa antiga, no primeiro verso da *Eneida*, há "As armas e o varão canto, piedoso" – é uma referência direta. Importante comentar que, na época de Camões, mostrar erudição era um valor – o conhecimento que o escritor tinha dos modelos antigos, desejo de um saber universal, mais do que hoje, em que se valoriza a originalidade.

Há um canto de louvor nesse início; depois veremos que essa voz se mescla e se torna sombria quando surgem contratempos graves na costa africana oriental, na estância 105. Lemos: "O recado que trazem é de amigos,/Mas debaixo o veneno vem coberto". Camões não apenas louva, critica também.

Na quarta estância, há a invocação, em que pede o auxílio das Tágides, ninfas que ele mesmo inventou, um estilo épico grandiloquente e fluente, contrapondo-se à voz lírica, "em verso humilde". É quase uma teoria da poesia épica que requer um estilo elevado. Continua, na quinta estrofe, pedindo uma voz de tuba canora – que canta – e belicosa, guerreira, alta e forte, ao contrário "de agreste avena ou frauta ruda", flauta pastoril, que se refere à poesia lírica bucólica. Equipara a voz que precisará para escrever, que faça jus aos feitos heroicos, assim: "Dai-me igual canto aos feitos da famosa/Gente vossa, que a Marte tanto ajuda".

A partir da sexta estância, canta-se a dedicatória a D. Sebastião até a décima oitava. Há elementos fundamentais da história de Portugal, por exemplo, na sexta, sétima e oitava estâncias. Na décima segunda, aparece "aquele ilustre Gama", não é mitificado.

Camões faz uma profecia na estância 15: "E, enquanto eu estes cantos, e a vós não posso,/Sublime Rei, que não me atrevo a tanto,/Tomai as rédeas vós do Reino vosso:/Dareis matéria a nunca ouvido canto." Inconscientemente, cria o mito do sebastianismo. O rei vai dar matéria para o canto, a voz épica elogia o rei, que ainda não tinha morrido. É a deixa para Fernando Pessoa, em seu poema "épico" *Mensagem*, reforçar o mito do Encoberto*.

Na estância 19, a epopeia efetivamente começa, a frota portuguesa está em pleno Oceano Índico. Em relação à estrutura, Camões seguiu os preceitos das epopeias clássicas.

---

* *Encoberto* se refere a D. Sebastião, pois sua história foi o motivo para a criação do mito do sebastianismo.

Já no largo Oceano navegavam,
As inquietas ondas apartando;
Os ventos brandamente respiravam
Das naus as velas côncavas inchando;
Da branca escuma os mares se mostravam
Cobertos, onde as proas vão cortando
As marítimas águas consagradas,
Que do gado de Próteu* são cortadas [...]
(Camões, 1983, p. 75)

A voz épica executa o propósito de narrar os grandes feitos no caminho para as Índias. Nas próximas estrofes, os deuses se reúnem para decidir a sorte dos portugueses: é o concílio dos deuses, padrão das epopeias.

A presença da mitologia, do maravilhoso pagão, é um elemento importante na construção de *Os Lusíadas*. Os deuses desempenham um papel fundamental na trama e, com isso, notamos o interesse renascentista pelos valores terrenos, representados pela sensualidade e fruição dos deuses, mesmo que o motivo primeiro da expansão ultramarina seja a difusão da fé cristã.

Júpiter convoca os deuses, anuncia os quatro impérios da Antiguidade, e os portugueses serão o quinto império; essa ideia reforça a mistificação do sebastianismo que circulará em Portugal a partir da metade do século XVI, depois da morte de D. Sebastião. Baco, o conquistador da Índia, representa os interesses do Oriente enquanto Vênus, mãe de Enéas, imortalizado na *Eneida*, protege os herdeiros dos romanos. Na estância 23,

---

* *Próteu*: deus marinho, guardador do rebanho sagrado de Netuno, deus dos mares.

os deuses se instalam em ordem hierárquica. É o princípio racional que vem da Idade Média e chega à Renascença, a instituição renascentista em que prevalecem a ordem e a razão: "Os outros Deuses, todos assentados,/Como a Razão e a Ordem concertavam/(Precedem os antigos, mais honrados,/Mais abaixo os menores se assentavam)". Na sequência, o narrador delega a voz a Júpiter.

Os marinheiros navegam no oceano Índico, chegam a Moçambique, há uma tentativa de reconhecimento e perguntas épicas: "Que gente será esta? (em si deziam)/Que costumes, que Lei, que Rei teriam?". Enfrentam dificuldades, são hostilizados pelos mouros e conseguem fugir em direção a Mombaça, com ajuda de Vênus.

As duas últimas estrofes, 105 e 106, introduzem um grande tema em *Os Lusíadas*: o engano e o concerto/desconcerto do mundo que já vimos na *Lírica*, prenunciando o barroco.

> O recado que trazem é de amigos,
> Mas debaixo o veneno vem coberto;
> Que os pensamentos eram de inimigos,
> Segundo foi o engano descoberto.
> Oh! Grandes e gravíssimos perigos,
> Oh! Caminho de vida nunca certo,
> Que, aonde a gente põe sua esperança,
> Tenha a vida tão pouca esperança!
>
> No mar, tanta tormenta e tanto dano,
> Tantas vezes a morte apercebida!*

---

* *Morte apercebida*: morte iminente.

Na terra, tanta guerra, tanto engano,
Tanta necessidade avorrecida*!
Onde pode acolher-se um fraco humano,
Onde terá segura a curta vida,
Que não se arme e se indigne o Céu sereno
Contra um bicho da terra tão pequeno?
(Camões, 1983, p. 98)

Na estância 105, Camões trabalha com as antíteses – amigos/inimigos, coberto/descoberto –, que são confirmadas pelas rimas. A visão do mundo vai se tornando sombria à medida que descobre as artimanhas, ou seja, descobre-se o que estava encoberto e percebe-se o engano. Em outras palavras, pensava que vivia em harmonia enquanto não experimentara as aventuras da vida; o olhar do Renascimento prevalecia, acreditando que era possível o equilíbrio. Camões está na interface, viveu na passagem do Renascimento – em que o equilíbrio predominava – ao barroco. A voz épica desabafa, o poeta nos mostra um desvelar, ou seja, tira o véu da ilusão. Quem se pensava que era amigo era inimigo.

Os primeiros versos da estância seguinte são marcados por uma cadência interessante, formada pelo fonema /t/, o que cria um ritmo compassado que transborda na questão da pequenez humana diante das agruras da vida, da natureza e das questões existenciais. "O Céu sereno" mostra a indiferença divina ao que

---

* *Necessidade avorrecida*: adversidade que causa aborrecimento.

acontece na terra. "As armas e os barões assinalados" da primeira estância se tornam "um bicho da terra tão pequeno"*.

Não podemos nos perder na narrativa propriamente dita de *Os Lusíadas*. A história se concentra em Vasco da Gama e sua expedição no caminho para as Índias, com intervenções dos deuses. Assim, Vênus e as Nereidas impedem a nau de entrar no porto de Mombaça porque, se desembarcassem, morreriam. A deusa se dirige ao Olimpo e se queixa a Júpiter da falta de proteção dispensada pelos deuses aos portugueses. O rei dos deuses a acalma e profetiza feitos gloriosos aos lusos. A frota lusitana chega a Melinde com magnífica recepção, segundo o relato de Camões. Nos relatos históricos, o rei estava com medo e não teve outra opção a não ser recebê-los bem. Assim, pede ao capitão que lhe conte sobre o clima, a geografia, a história, os costumes e as aventuras dos portugueses tão afamados pelos feitos.

Nesse momento da narrativa, a voz poética delega o relato à voz de Vasco da Gama, que antes pede a Calíope, musa da epopeia, para lhe ensinar o que o herói contou ao rei de Melinde. Assim Gama inicia seu discurso, descrevendo a Europa com indicações precisas de Portugal. A seguir, conta a história de seu

---

* É o que chamamos de *intertextualidade*, conceito fundamental para a compreensão da Modernidade. Esse verso de Camões serviu de mote a vários autores de língua portuguesa. Carlos Drummond de Andrade usou o verso "O homem, bicho da terra tão pequeno", primeiro verso do poema "O homem; as viagens". O compositor Caetano Veloso musicou os quatro últimos versos do Canto I na canção "Tão pequeno" no espetáculo *Onqotô*, do Grupo Corpo. Maria Helena Nery Garcez escreveu sobre a transformação da visão do homem em Camões no artigo "O alargamento da razão na literatura de viagem do século XVI" (Garcez, 2009).

país, desde os tempos mitológicos até o reinado de D. Fernando, morto em 1383, e continua. É nesse canto, o III, que narra o extravagante relato de Inês de Castro, fonte de inspiração para inúmeros escritores. O infante D. Pedro (1320-1367), futuro rei D. Pedro I, apaixonou-se por uma dama castelhana, Inês de Castro. D. Afonso IV (1291-1357), pai de D. Pedro, decidiu – por motivos políticos – mandar matar D. Inês, que se tornara amante de D. Pedro. Quando se tornou rei, D. Pedro se vingou e mandou exumar o cadáver e coroá-la rainha, depois de morta. "Aconteceu da mísera e mesquinha/Que depois de ser morta foi Rainha". Esse episódio é considerado o mais lírico da história.

A narrativa é interrompida para filosofar sobre o amor. Camões recupera, assim, as ideias do amor que propõe em sua lírica.

> *Tu, só tu, puro amor, com força crua,*
> *Que os corações humanos tanto obriga,*
> *Deste causa à molesta morte sua,*
> *Como se fora pérfida inimiga.*
> *Se dizem, fero Amor, que a sede tua*
> *Nem com lágrimas tristes se mitiga,*
> *É porque queres, áspero e tirano,*
> *Tuas aras banhar em sangue humano.*
>
> (Camões, 1983, p. 158)

Aqui o amor é áspero e tirano; o sujeito é tomado pelo Amor, que o domina, provoca até a morte. Há uma diferença entre o *amor*, com minúscula – trata-se do amor comum – e o *Amor*, com maiúscula – Eros, deus do amor, cruel, feroz, escraviza, é responsável pela morte de Inês, como nos antigos rituais pagãos.

Em *Os Lusíadas* há dois episódios amorosos: este e o Canto X, da Ilha dos Amores, do qual falaremos adiante.

Vasco da Gama continua a contar a história de Portugal ao rei de Melinde, narra a batalha de Aljubarrota, depois o sonho profético de D. Manuel. Assim como aparecera num sonho profético na *Eneida* de Virgílio, aqui, dois anciões, representando os rios Ganges e Indo, falam ao rei das conquistas portuguesas no Oriente: "Eu sou o ilustre Ganges, que na terra/Celeste tenho o berço verdadeiro;/Estoutro é o Indo, Rei, que, nesta serra/Que vês, seu *nacimento* tem primeiro." (Camões, 1983, p. 183).*

D. Manuel ordena uma expedição à Índia e, no momento da partida, na praia do Restelo, em Belém (Lisboa), ocorre o famoso episódio camoniano, a "fala do Velho do Restelo": quando as naus de Vasco da Gama se despediam na praia, um ancião, o velho do Restelo, elevou sua voz e se manifestou contrário à viagem às Índias, no Canto IV daquele poema, estâncias 93 a 104. Vale a pena ilustrar, já tão distante de nossas leituras.

93
Nós outros sem a vista alevantarmos
Nem a mãe, nem a esposa, neste estado,
Por nos não magoarmos, ou mudarmos
Do propósito firme começado,
Determinei de assim nos embarcarmos
Sem o despedimento costumado,
Que, posto que é de amor usança boa,
A quem se aparta, ou fica, mais magoa.

---

* "O sonho profético está narrado no Canto IV, estâncias 67-75, p. 181-183. Na *Eneida*, Canto VIII, vv. 31-65: sob a figura de um velho, o rio Tibre aparece, em sonho, a Eneias, e indica-lhe o que deverá fazer" (Camões, 1983, p. 440).

94

Mas um velho, de aspecto venerando,
Que ficava nas praias, entre a gente,
Postos em nós os olhos, meneando
Três vezes a cabeça, descontente,
A voz pesada um pouco alevantando,
Que nós no mar ouvimos claramente,
C'um saber só de experiências feito,
Tais palavras tirou do experto peito:

95
– "Ó glória de mandar! Ó vã cobiça
Desta vaidade, a quem chamamos Fama!
Ó fraudulento gosto, que se atiça
C'uma aura popular, que honra se chama!
Que castigo tamanho e que justiça
Fazes no peito vão que muito te ama!
Que mortes, que perigos, que tormentas,
Que crueldades neles experimentas!

96
– "Dura inquietação d'alma e da vida,
Fonte de desamparos e adultérios,
Sagaz consumidora conhecida
De fazendas, de reinos e de impérios:
Chamam-te ilustre, chamam-te subida,
Sendo dina de infames vitupérios;
Chamam-te Fama e Glória soberana,
Nomes com quem se o povo néscio engana!

97
– "A que novos desastres determinas
De levar estes reinos e esta gente?
Que perigos, que mortes lhe destinas
Debaixo dalgum nome preminente?

Que promessas de reinos, e de minas
D'ouro, que lhe farás tão facilmente?
Que famas lhe prometerás? que histórias?
Que triunfos, que palmas, que vitórias?
(Camões, 1983, p. 188-189)

Na estrofe 93, Vasco da Gama é o "narrador". Ele convoca os tripulantes para embarcarem sem as despedidas costumeiras*, para não haver tristezas comuns às despedidas. No meio desse ambiente, destaca-se a figura de um velho respeitado, experiente, com conhecimentos em aspectos práticos da vida, que disse alto, até os marinheiros conseguiram ouvir, já embarcados, que era contrário a essa aventura insana impelida pela cobiça, pelo desejo de riquezas, poder e fama. Diz que os portugueses abandonavam os perigos urgentes de seu país para enfrentar perigos desconhecidos e desnecessários. A inquietação da alma e da vida só traria perdas de terras, reinos e impérios.

O velho do Restelo representa, por um lado, a opinião conservadora da época, favorável à vida segura, contrária a grandes ousadias e aventuras. Há uma contradição entre o discurso pacifista do velho e a épica exaltação dos heróis e seus feitos de armas. Por outro lado, podemos ouvir a voz do próprio Camões, que inventou a personagem para incorporar alguns juízos morais da cultura humanística. Os acontecimentos que lhe servem de tema constituem material para um poema épico; o poeta mantém sua

---

* Na estrofe anterior a essa, mães, esposas e filhas choram pelas possíveis perdas; inspirou-se nesse episódio Fernando Pessoa quando, em "Mar Português", escreveu o imortal verso: "Ó mar salgado, quanto de teu sal,/São lágrimas de Portugal".

liberdade de juízo, portanto tem críticas às navegações que se manifestaram por meio dessa personagem.

Estamos na metade do poema, no Canto V. Vasco da Gama narra a viagem da frota, depois do episódio em Restelo, até o Zaire, a passagem do Equador, o Cruzeiro do Sul, o fogo de santelmo, a tromba d'água e o desembarque em Melinde. Conta o cotidiano nas aventuras marítimas, valorizando a observação da realidade e dos fenômenos naturais, contrapondo-o ao saber dos livros: é o olhar do homem do Renascimento.

É nesse canto que aparece o gigante Adamastor, descrito com toda a dramaticidade plástica. É a alegoria do Cabo das Tormentas, depois Cabo da Boa Esperança, no extremo sul da África. O monstro se transforma, é tocante a descrição; parte de uma voz assustadora, que assola os marinheiros, responsável por tantos naufrágios, e termina num lamento digno de pena. O Cabo das Tormentas é personificado em um titã, o gigante Adamastor, que desafiara os deuses e se deixara enganar por amor a Tétis, deusa do mar, e foi assim transformado no acidente geográfico, imóvel, horrendo e assustador. Camões canta o engano do amor novamente, tendo como personagem Adamastor. A figura do Adamastor não se resume à temática do amor, personifica também o monstro que deve ser vencido, que se transforma.

39
Não acabava, quando huã figura
Se nos mostra no ar, robusta e válida,
De disforme e grandíssima estatura;
O rosto carregado, a barba esquálida,
Os olhos encovados, e a postura

Medonha e má, e a cor terrena e pálida;
Cheios de terra e crespos os cabelos,
A boca negra, os dentes amarelos.

40
Tão grande era de membros, que bem posso
Certificar-te que este era o segundo
De Rodes estranhíssimo Colosso,
Que um dos sete milagres foi do mundo.
Cum tom de voz nos fala, horrendo e grosso,
Que pareceu sair do mar profundo.
Arrepiam-se as carnes e o cabelo,
A mi e a todos, só de ouvi-lo e vê-lo!
(Camões, 1983, p. 202-203)

Depois da pergunta épica de Vasco da Gama, na estrofe 49, quase metade do poema (a quinquagésima estrofe está no meio de Os Lusíadas): "'Quem és tu? Que esse estupendo/Corpo, certo, me tem maravilhado!' A boca e os olhos negros retorcendo/E, dando um espantoso e grande brado,/Me respondeu, com voz pesada e amara,/Com quem da pergunta lhe pesara":

50
"Eu sou aquele oculto e grande Cabo
A quem chamais vós outros Tormentório,
Que nunca a Ptolomeu, Pompónio, Estrabo,
Plínio*, e quantos passaram, fui notório.
Aqui toda a Africana costa acabo
Neste meu nunca visto Promontório,
Que pera o Pólo Antárctico se estende,
A quem vossa ousadia tanto ofende!
(Camões, 1983, p. 205)

---

* Ptolomeu, Pompónio, Estrabo, Plínio: Cientistas e geógrafos antigos.

E termina a sua história:

56
Oh! Que não sei de nojo como o conte!
Que, crendo ter nos braços a quem amava,
Abraçado me achei cum penedo fronte a fronte,
Que eu polo rosto angélico apertava,
Não fiquei homem, não, mas mudo e quedo
E, junto dum penedo, outro penedo!

57
Ó Ninfa, a mais fermosa do Oceano,
Já que minha presença não te agrada,
Que te custava ter-me neste engano,
Ou fosse monte, nuvem, sonho ou nada?
Daqui me parto, irado e quase insano
Da mágoa e da desonra ali passada,
A buscar outro mundo, onde não visse
Quem de meu pranto e de meu mal se risse.

58
Eram já neste tempo meus Irmãos
Vencidos e em miséria extrema postos,
E, por mais segurar-te os Deuses vãos,
Alguns a vários montes sotopostos.
E, como contra o Céu não valem mãos,
Eu, que chorando andava meus desgostos,
Comecei a sentir do Fado immigo,
Por meus atrevimentos, o castigo.

59
Converte-se-me a carne em terra dura;
Em penedos os ossos se fizeram;
Estes membros, que vês, e esta figura
Por estas longas águas se estenderam.

Enfim, minha grandíssima estatura
Neste remoto Cabo converteram
Os Deuses; e, por mais dobradas mágoas,
Me anda Thetis cercando destas águas.

(Camões, 1983, p. 207)

Assim Adamastor termina sua triste sina e Vasco da Gama retoma a narrativa: "Assi contava; e, cum medonho choro,/Súbito de ante os olhos se apartou./Desfez-se a nuvem negra, e cum sonoro/Bramido muito longe o mar soou./Eu, levantando as mãos ao santo coro/Dos Anjos, que tão longe nos guiou,/A Deus pedi que removesse os duros/Casos, que Adamastor contou futuros." (Camões, 1983, p. 208).

Até o Canto VI, a primeira parte do poema, a narrativa traduz a busca, a expectativa e a ânsia pelo Oriente, pelas Índias. A professora e crítica Maria Helena Nery Garcez (1982) escreveu que um dos eixos temáticos da primeira parte do poema é a busca:

Se Os Lusíadas são a epopeia de uma busca e de um achamento, são ainda e principalmente a epopeia do homem que, ao buscar, conhece. São a epopeia do conhecimento. Esse homem que busca quer também conhecer, tem obsessão pelo conhecimento, a obsessão pelo ver. É, portanto, a epopeia do conhecimento, deste espaço geográfico que denominamos mundo. Domina-se o mundo pelas armas, mas domina-se também pelo saber. (Garcez, 1982, p. 60)

Assim, a nau parte de Melinde com destino às Índias – é a viagem propriamente dita. Baco vai conversar com Netuno e tenta incitar os deuses marinhos contra os portugueses, há um concílio dos deuses, e Éolo solta os ventos. Enquanto isso, os portugueses contam histórias para se distrair. Há uma pavorosa tempestade e Vasco da Gama pede à "Divina Guarda" por eles. Vênus manda as ninfas amorosas abrandarem a ira dos ventos, passa a tempestade e aparece Calicute. A voz épica encerra o canto meditando sobre a verdadeira glória que um homem pode conquistar, fruto de capacidade própria e não de privilégios.

Os portugueses chegam a Calicute, Índia, no Canto VII. João Martins, um degredado, é enviado para avisar da chegada dos portugueses, encontra Monçaide, mouro que conhecia as línguas da Península Ibérica. Gama desembarca e estabelece entendimentos iniciais com autoridades indianas: Samorim, imperador, e Catual, governador de Calicute. Catual sobe a bordo da nau portuguesa e é recebido pelo irmão do comandante, Paulo da Gama. O indiano fica intrigado com figuras desenhadas nas bandeiras de seda e pergunta pelo significado disso.

Paulo da Gama satisfaz a curiosidade do indiano explicando as figuras dos heróis portugueses representados nos painéis. Baco aparece em sonhos a um maometano e o indispõe contra os portugueses, pois pretendia destruir a frota portuguesa. Vasco da Gama negocia a troca de mercadorias por especiarias com Samorim, porém é vítima de traição por parte de Catual, que estava subornado pelos muçulmanos. Catual tentou aproximar a frota da costa para embarcar com o propósito de destruí-la, porém o astuto comandante não aceita a proposta e fica preso. Gama é resgatado em troca por mercadorias e, assim, regressa a bordo.

Monçaide previne Vasco da Gama de que chegará uma armada proveniente de Meca que poderia destruí-los e, por isso, Catual e seus aliados estão atrasando a partida dos portugueses. Assim, o comandante resolve partir imediatamente, mas antes disso precisa resgatar dois mercadores portugueses que haviam sido aprisionados em terra e que acabam trocados por mercadores indianos que estavam a bordo. Regressam à Pátria com provas de que haviam alcançado a tão desejada Índia, era a realização de um sonho. Vênus prepara o repouso e o prêmio para os viajantes, o deleite nas Ilhas dos Amores, local paradisíaco dedicado aos prazeres. São versos sensuais e que celebram o amor numa visão pagã.

As ninfas e Tétis, a deusa marinha, oferecem um banquete aos navegantes. Uma ninfa faz profecias acerca do futuro glorioso dos portugueses. Tétis mostra a Vasco da Gama a "Máquina do Mundo", uma miniatura do universo, indicando por onde os lusitanos estenderão seu império. Tétis se despede dos portugueses, que embarcam para sua pátria. Com a chegada a Portugal começa o epílogo, e a voz épica retoma a narrativa num tom pessimista, com comentários críticos:

145
No mais, Musa, no mais, que a Lira tenho
Destemperada e a voz enrouquecida,
E não do canto, mas de ver que venho
Cantar a gente surda e endurecida.
O favor com que mais se acende o engenho

Não no dá a pátria, não, que está metida
No gosto da cobiça e na rudeza
Dhûa austera, apagada e vil tristeza.

(Camões, 1983, p. 353)

"No gosto da cobiça" e na "vil tristeza" são trechos que trazem um tom pessimista, e alguns estudiosos consideraram proféticas as palavras de Camões em relação ao destino de Portugal. Isso porque, oito anos após a publicação do poema, Portugal perdeu a independência política e não tinha infraestrutura para sustentar um império tão distante, constantemente ameaçado por outros interesses imperiais e pela corrupção administrativa. Havia ainda a Inquisição, que expulsou os judeus e os cristãos novos, os capitalistas da época, que procuraram países mais tolerantes, como a Holanda, para continuar a exercer o livre comércio.

Síntese

Neste capítulo, apresentamos um resumo e a interpretação de episódios fundamentais para a compreensão de *Os Lusíadas* e da mentalidade que pairava num momento decisivo para a Coroa portuguesa.

Episódios como o do velho de Restelo, que era uma voz contrária ao empreendimento das navegações portuguesas; o medo dos navegantes em contornar um ponto misterioso dos mares, o Cabo da Boa Esperança, na África do Sul, conhecido como o Cabo das Tormentas, simbolizado pelo gigante Adamastor, o gigante que se apaixona e chora, imagem pictórica; a recompensa dos portugueses, o encontro das Ilha dos Amores – todos são episódios inesquecíveis da literatura portuguesa e glosados até hoje.

O Renascimento português, por meio de sua literatura, tanto a lírica como a épica, mostra um retrato profundo da sabedoria e dos conceitos que pairavam naquele momento histórico e que reverberam. A literatura moderna e contemporânea trabalha com imagens do passado histórico, uma herança para a humanidade.

Atividades de autoavaliação

1. Em relação à cantiga em que lemos "Tenho-me persuadido,/por razão conveniente,/que não posso ser contente,/pois que pude ser nascido", vista anteriormente, assinale a alternativa correta:

a. Esse poema é um soneto porque os versos são decassílabos rimados, chamados de *medida nova*.

b. Esse poema é um soneto porque os versos têm cinco sílabas poéticas, chamados de *medida velha*.

c. Esse poema é uma cantiga porque é formado por quatro estrofes de dois quartetos e dois tercetos.

d. Esse poema é uma cantiga porque tem um mote, que é a proposta, e a desenvolve nas voltas de sete versos cada estrofe.

2. Em relação ao mesmo poema, assinale a alternativa correta:

a. Luís de Camões usa antíteses para confundir o leitor e transformar o poema num texto difícil.

b. O sujeito lírico se mostra fragmentado, como se tornará comum na poética moderna.

c. O poema retorna ao tema das cantigas medievais, ou seja, o do sofrimento amoroso.

d. O sistema de rimas é a/b/b/a/b/a/a, c/d/c/d/c/c/a.

3. Assinale a alternativa que não corresponde à poética do Renascimento:

a. A mulher era idealizada, chamada de *mia senhor*, o ambiente era rural e com uma estrutura poética chamada *paralelística*.

b. O Renascimento corresponde a uma intensa transformação social, a burguesia amplia suas influências, o comércio se desenvolve.

c. O ser humano é valorizado, são retomados valores da Antiguidade clássica.

d. Os poetas do Renascimento perseguiam uma expressão equilibrada, sóbria, capaz de transmitir o domínio que a razão exercia sobre os sentimentos.

4. Assinale a alternativa incorreta:

a. O poeta Francisco Sá de Miranda morou na Itália e voltou a Portugal em 1527, marco inicial do classicismo nesse país; foi influenciado por Francesco Petrarca.

b. Na lírica camoniana há um conflito entre o Amor e o amor. Se, por um lado, a mulher é idealizada e a experiência espiritual satisfaz a quem ama, por outro, a face sensual do amor aparece e o sujeito lírico tem de lidar com o desejo.

c. Luís de Camões prenuncia o barroco porque mostra um sujeito conciliado consigo próprio, em equilíbrio entre a razão e o sentimento.

LITERATURA ESTRANGEIRA EM LÍNGUA PORTUGUESA

d. Uma temática importante na poética camoniana é em relação ao concerto/desconcerto do mundo, nascido da quebra de harmonia com o mundo.

5. De acordo com *Os Lusíadas*, a epopeia de Camões:

I. Podemos afirmar que a epopeia tem cinco partes, portanto tem cinco cantos.

II. A narrativa propriamente dita começa no primeiro verso do Canto I.

III. Em *Os Lusíadas* há várias vozes: inicia pela voz épica, depois essa voz passa ao herói, Vasco da Gama, e assim por diante.

IV. O assunto do poema é a viagem de Vasco da Gama às Índias.

Quanto a essas afirmações, podemos afirmar que:

a. I, II, III são corretas.

b. I, II, IV são corretas.

c. apenas a IV é correta.

d. III e IV são corretas.

Atividades de aprendizagem

Questões para reflexão

1. Leia o poema de Luís de Camões a seguir e comente-o, à luz do que foi abordado sobre a estrutura, as rimas, os temas predominantes e a visão do amor (relacione com as cantigas medievais).

Eu cantarei de amor tão docemente,
Por uns termos em si tão concertados,
Que dous mil acidentes namorados
Faça sentir ao peito que não sente.

Farei que amor a todos avivente,
Pintando mil segredos delicados,
Brandas iras, suspiros namorados,
Temerosa ousadia e pena ausente.

Também, Senhora, do desprezo honesto
De vossa vista branda e rigorosa,
Contentar-me-ei dizendo a menos parte.

Porém, para cantar de vosso gesto
a composição alta e milagrosa,
aqui falta saber, engenho e arte.
(Camões, 1982, p. 14)

2. Compare o a expressão "engenho e arte" desse poema com os versos iniciais de *Os Lusíadas*: "Cantando espalharei por toda parte,/Se a tanto me ajudar o engenho e arte".

3. Escreva um texto crítico sobre a poética de Camões ou, se preferir, sobre a poética de Sá de Miranda. Tendo por base os poemas apresentados neste capítulo, aborde o maneirismo em contraposição ao Renascimento; a visão de amor, relacionando o neoplatonismo e as cantigas de amor; o engenho e a arte.

Atividades aplicadas: prática

1. Pesquise poemas de Luís de Camões, nas cantigas ou nos sonetos, nos quais há a reflexão sobre concerto e desconcerto do mundo. Escreva sobre esse assunto na visão dele, relacionando isso ao Renascimento, ao maneirismo e ao barroco. Use a bibliografia indicada em notas ao longo desta obra e também na seção "Bibliografia comentada".

2. Luís de Camões valorizou a experiência em relação à cultura livresca. Podemos observar essa questão no Canto V de *Os Lusíadas*, estâncias 16, 17, 18 e 19, por exemplo, e neste soneto: Leia os versos da epopeia e compare-os com o soneto. Escreva sobre o olhar de Camões em relação à experiência.

Verdade, Amor, Razão, Merecimento,
qualquer alma farão segura e forte;
porém, Fortuna, Caso, Tempo e Sorte,
têm do confuso mundo o regimento.

Efeitos mil revolve o pensamento
e não sabe a que causa se reporte;
mas sabe que o que é mais que a vida e morte,
que não o alcança humano entendimento.

Doctos varões darão razões subidas,
mas são experiências mais provadas,
e por isso é melhor ter muito visto.

Cousas há i que passam sem ser criadas
e cousas cridas há sem ser passadas,
mas o melhor de tudo é crer em Cristo.

(Camões, 1982, p. 236)

3. Elabore um plano de aula sobre Luís de Camões. Em sua proposta, você deve relacioná-lo à poética de Sá de Miranda e a questões estudadas neste capítulo. Lembre-se de que poetas e compositores modernos estabeleceram diálogos com ele. Pesquise, por exemplo, José Saramago, Sophia de Mello Breyner Andresen, Fiama Hasse Pais Brandão e Fernando Pessoa (para citar os portugueses). Entre os brasileiros, podemos nos lembrar de Mário Quintana, Carlos Drummond de Andrade, Haroldo de Campos, o compositor Caetano Veloso e muitos outros.

um	Origens e consolidação da língua e da literatura portuguesa
dois	Renascimento, maneirismo e barroco
três	**Romantismo e realismo**
quatro	Modernismo
cinco	Noções de literatura africana de língua portuguesa

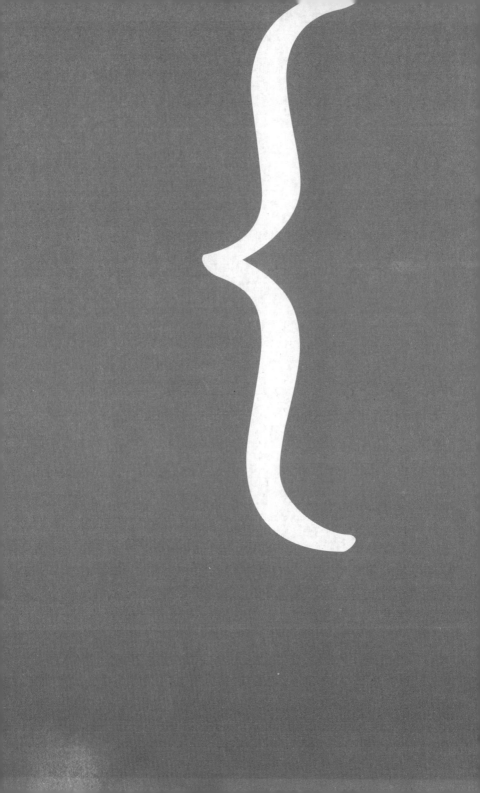

❰ VAMOS DAR MAIS um enorme passo no tempo, porém sem deixar de registrar o ano de 1580, ano da morte de Luís de Camões e da perda da independência política de Portugal. É o marco cronológico da passagem do classicismo para o barroco, já anunciado na poética de Camões. Didaticamente, esse período literário se estende até 1756, quando há uma dissolução da literatura barroca e "de um excesso de fantasia descabelada vai cair-se num excesso de regulamentação racional", conforme escreveram António José Saraiva e Óscar Lopes (1982, p. 635). A data de 1756 marca a fundação da Arcádia Lusitana, academia literária portuguesa na qual culminavam tendências neoclássicas e um realismo burguês setecentista.

Não nos estenderemos nesses períodos histórico-literários, apenas deixaremos como registro alguns nomes internacionais que valem a pena serem estudados. Em relação ao barroco, o pintor Caravaggio, com seus contrastes entre luz e sombra, é um maravilhoso exemplo, assim como as igrejas em Minas Gerais, a obra de Aleijadinho e outros. Na literatura, destacam-se o poeta espanhol Luís de Góngora, bem como Miguel de Cervantes e seu clássico *Dom Quixote de La Mancha*, obra fundamental da literatura espanhola e internacional, imprescindível para se adentrar em conceitos do barroco. Do lado português, temos padre António Vieira, chamado por Fernando Pessoa de "imperador da língua portuguesa", e as cartas de Sóror Mariana Alcoforado e, no Brasil, Gregório de Matos, para ficarmos em nomes canônicos.

Em relação à passagem do barroco ao rococó, consistiu em uma atenuação dos aspectos pesados e maciços dos Seiscentos. Escreveu Alfredo Bosi (1987, p. 61): "nesta viragem prefiguram-se as tendências estéticas do Arcadismo como a busca do natural e do simples e a adoção de esquemas rítmicos mais graciosos, entendendo-se por graça uma forma específica e menor de beleza". O arcadismo é considerado um estilo fácil e bucólico. De qualquer maneira, não nos deteremos nessa "escola literária"; poderemos sugerir a leitura do poeta Bocage, de Portugal, e, do Brasil, a de Tomás Antônio Gonzaga, Claudio Manuel da Costa e outros, relacionados à Inconfidência Mineira.

Por entendermos que, nesse momento, as literaturas brasileira e portuguesa estavam interligadas, e sabendo o quanto esse momento histórico é fundamental para a compreensão da nossa literatura, e ainda considerada que o foco deste livro são as literaturas de língua portuguesa estrangeiras – ou seja, a brasileira é objeto de estudo de outro livro –, não nos deteremos nesse momento histórico literário. Assim, passaremos à Modernidade, de acordo com a História.

Após a Revolução Francesa, a História reconhece uma nova fase: a Modernidade. Em literatura ou nas artes, esse período é chamado de *romantismo*.

trêspontoum

Romantismo

Fixar um conceito para **romantismo** é difícil, principalmente porque há um excesso de definições sobre ele. Esse fenômeno cultural se desenrolou entre 1780 e 1848 no Ocidente, com fortes divergências nacionais e ideológicas.

Vamos situar como acontecimentos prévios e instigadores do romantismo: a Revolução Francesa, na política; Fichte, na filosofia; e Goethe, nas artes.

Duarte (2011, p. 12) escreveu que a "Reforma Protestante, ao defender que a interpretação da Bíblia não era exclusiva da Igreja, mas dependia da revelação pessoal, contribuiu, com seu exemplo, para a liberdade que os românticos exigiam na leitura de qualquer texto". Enquanto a França buscava realizar a liberdade, a Alemanha, que não tinha condições econômicas e políticas para seguir o exemplo francês, ainda era sobretudo agrária, sem uma classe média que poderia opor-se ao governo.

O núcleo do primeiro romantismo alemão se formou na cidade de Iena. As primeiras ideias foram divulgadas na revista *Athenäum*, publicada durante os anos 1798 a 1800. Em novembro de 1799, houve um encontro importante para o romantismo, no qual se reuniram os irmãos Schlegel e Tieck e suas mulheres, Schelling, o físico Johann Wilhelm Ritter, Novalis e seu irmão. Essa reunião ficou famosa porque foi um marco para a concretização e divulgação das primeiras ideias em direção a uma liberdade promovida pela filosofia introdutória do romantismo.

O termo *romântico* ou *romantismo* surgira na Inglaterra, no século XVII, referindo-se aos romances de cunho cavalheiresco e amoroso. Na Alemanha, esse termo recebe outra conotação: designa a arte ou, mais precisamente, a poesia que ainda não foi feita, está por ser produzida; portanto, o conceito é ampliado.

Friedrich Schlegel, de acordo com Duarte (2011, p. 23), anunciou que "essa poesia romântica, longe de estar restrita à forma literária, abrange tudo o que seja poético, desde o sistema supremo da arte, que por sua vez contém em si muitos sistemas, até o suspiro, o beijo que a criança poetizante exala em canção sem artifício". Continua Duarte (2011, p.23): "é em torno desse ideal amplo de poesia que se juntam aqueles que incluímos no ciclo do romantismo de Iena, orientados ao mesmo tempo para o passado e para o futuro, para os gregos clássicos e para os desafios da criação e do pensamento modernos".

Conforme Philippe Lacoue-Labarthe e Jean-Luc Nancy (citados por Duarte, 2011, p. 23-24), o romantismo foi o primeiro grupo *avant-garde* da história. Seus participantes anteciparam reflexões modernas, trouxeram a crítica que a Modernidade exigia, assim limitando o poder que a ciência moderna, descendente do Século das Luzes, tentava exercer, "pois o intelecto, ao mensurar tudo através de cálculos, poderia matar a própria vida das coisas. Ela deveria ser acompanhada pela imaginação estética, ou seja, poética", sintetizou Duarte (2011, p. 25).

Podemos situar as origens históricas e políticas do romantismo a partir da Revolução Industrial (1780-1850), época em que houve uma transição para novos processos de produção: de processos artesanais passou-se à produção por máquinas, o que possibilitou um forte crescimento nas economias capitalistas; houve uma expansão da burguesia, uma evolução tecnológica, econômica e social e um êxodo em direção às cidades. Em relação ao pensamento, surgiu a noção de progresso, como um sucedâneo do arbítrio divino, "a efetiva percepção do homem como ser histórico, na *praxis* e no pensamento", pontuou Guinsburg (1978, p. 21). Na sequência, outro marco transformador foi a Revolução Francesa (1789), que afirmou e ampliou as transformações iniciadas com a Revolução Industrial.

William Wordsworth e Samuel Taylor Coleridge, poetas ingleses, num primeiro momento foram partidários da Revolução Francesa; depois abandonaram esse ideal, justamente porque esta havia culminado na ditadura napoleônica. Eles exaltam a tradição nacional, resgatam Shakespeare e Chaucer e a poesia popular. Byron consagra o herói demoníaco. Shelley canta uma emancipação revolucionária da humanidade. Na França, podemos citar Chateaubriand, aristocrata decadente e proscrito pela Revolução Francesa, que exprime um sentimento de insatisfação e prega uma nostalgia do infinito (Nunes, citado por Guinsburg, 1978).

De acordo com Guinsburg (1978), o romantismo precisa ser visto primeiro como um fato histórico, um divisor de águas, porque assinala a relevância da consciência histórica. Por um lado, foca-se o gênio intuitivo investido de missão por destino – é o herói romântico, o benfeitor; por outro, há um sujeito que, apesar de dotado de corpo e alma, parece mais de alma do que de corpo, e o espírito é o centro nevrálgico e alimentador de uma existência conjunta. Assim, "o Romantismo aglutina as sociedades em mundos, comunidades, nações, raças que têm antes culturas do que civilizações, que secretam uma individualidade peculiar, uma identidade, não de cada indivíduo mas do grupo específico, diferenciado de quaisquer outros" (Guinsburg, 1978, p. 15).

O romantismo é um divisor de águas na história do pensamento ocidental; não é à toa que nasce em momentos de grandes transformações da humanidade, tanto filosoficamente, como histórica, econômica e politicamente. Cada lugar experimentou as mudanças pelas quais a humanidade passava de formas diferentes, mas o que determina a existência de um "movimento" é a noção de subjetividade, de individualidade e de liberdade. Aliás, os substantivos divulgados pela Revolução Francesa expressam esse novo olhar do homem: *liberdade, igualdade* e *fraternidade*. Ao mesmo tempo que o homem ganha maior expressão individual, ele também se conscientiza de aspectos sociais – é uma via de mão dupla.

> O romantismo precisa ser visto primeiro como um fato histórico, um divisor de águas, porque assinala a relevância da consciência histórica.

A visão do ideal romântico forma um enredamento com prolongamentos infinitos. Agora que tivemos uma visão maior, vamos olhar para Portugal e para um autor fundamental, Almeida Garrett. Como um homem do seu tempo, investido em um conflito do seu tempo e pertencente ao espaço português, ele se expressará. Ele ilumina as sombras de sua época existencial.

3.1.1 Almeida Garrett

O autor Almeida Garrett nasceu no Porto, em 4 de fevereiro de 1799, e morreu em 9 de dezembro de 1854, em Lisboa. Seu nome de batismo é João Baptista da Silva Leitão. A época de seu nascimento foi marcada por revoltas e lutas armadas de profunda instabilidade política e social. A família do poeta foi obrigada a se exilar em suas terras, em 1811, em consequência das invasões napoleônicas. A vinda da família real para o Brasil, em 1808, por causa da iminência da invasão de Portugal pelas tropas napoleônicas em 1807 foi decisiva para se compreender o tempo de Garrett, embora este estivesse com apenas 9 anos de idade.

Os franceses foram expulsos em 1812, mas o país estava dominado pelos ingleses, que se prevaleceram da ausência de D. João VI. Garrett participou de várias manifestações de protestos, na esteira de um movimento liberal, em 1820. Estourou no Porto a primeira Revolução Liberal e, em 1821, D. João VI retornou a Portugal e foi feito prisioneiro pelos liberais, enquanto D. Pedro, um liberal, proclamava a independência do Brasil e se tornava nosso primeiro imperador. Em Portugal, os absolutistas desencadearam a contrarrevolução absolutista em 1823, liderada por D. Miguel, irmão de D. Pedro e aspirante ao trono português. D. João VI foi forçado a abolir a Constituição; assim, perseguiu os liberais, entre eles Garrett, que fugiu para a Inglaterra e, depois, para a França.

Quando chegou à Inglaterra, Garrett ficou fascinado pelo mundo literário inglês. Walter Scott publicava poemas narrativos de assunto medieval, romances históricos. Tornou-se também admirador de Byron, o poeta rebelde, contra as convenções sociais, em longos poemas narrativos, de confissões pessoais e de gosto pelo exotismo. Dessa estadia na Inglaterra, Garrett ficou com a ideia de levar à prática uma literatura nacional, inspirada em tradições locais, folclóricas. Escreveu na "Introdução" de sua obra *Romanceiro*: "O que é preciso é estudar as nossas primitivas fontes poéticas, os romances em verso e as legendas em prosa, as fábulas e crenças velhas, as costumeiras e as superstições antigas" (Garrett, 2014, p. 13).

Talvez a maior contribuição de Garrett para o romantismo português, que herdou dos ingleses, tenha sido a questão do resgate das tradições populares e a consciência de que a literatura culta não pode perder o contato com a poesia popular e com as formas populares de expressão. O poeta realiza uma parte desse programa com a publicação do *Romanceiro português*, um resgate de histórias da tradição oral portuguesas à maneira dos irmãos Grimm.

No poema "Camões", Garrett viu a história de um desterrado – como ele próprio e outros companheiros –, incompreendido e perseguido pela sociedade. A saudade é tratada como uma alegoria mitológica; há uma paráfrase de um salmo de Jó, que se canta nas liturgias dos mortos, e um lamento fúnebre que Camões canta. Há um tom de elegia em todo o poema e podemos ler temas do romantismo europeu, como a questão da bondade humana natural, de Rousseau, recalcada pela civilização; o individualismo insociável de Byron; o saudosismo. O poema termina em um tom de desesperança do emigrado: "E já no arranco extremo. 'Pátria, ao menos,/juntos morremos...' E expirou coa Pátria" (Almeida Garret, 1825, p. 190).

Em 1843, aos 44 anos, Almeida Garrett fez uma viagem curta a Santarém, com amigos, e escreveu crônicas a respeito dessa viagem, publicando-as na Revista Universal Lisbonense. *Viagens na minha terra* é esse material, parcialmente divulgado, reunido em livro. Num primeiro plano, essa obra é um relato de viagens. São as observações e experiências das aventuras – algumas vivenciadas, outras imaginadas – e que foram passadas para o papel. A vontade de Garrett era produzir uma literatura que brotasse da experiência da sua vida. Acompanharemos as andanças do autor até Santarém, depois Vila Nova da Rainha, Azambuja, Cartaxo, Asseca.

No Capítulo X, o narrador e os personagens chegam ao Vale de Santarém; a viagem se interrompe e começa um outro relato, o da fantasia amorosa entre Carlos e Joaninha, "a menina dos rouxinóis", a "menina dos olhos verdes", pura e delicada – ele, um rapaz sedutor e inquieto, envolvido em aventuras de amor e guerra; o cenário é o idílico Vale de Santarém. A comitiva segue viagem e, em meio a digressões e interrupções, as duas viagens se entrelaçam. O autor retorna, no Capítulo XXXII, aos insucessos amorosos de Joaninha (Almeida Garrett, 1992).

No Capítulo XLIII, a comitiva inicia o caminho de volta a Lisboa e Garrett se depara com uma longa carta de Carlos a Joaninha, cuja transcrição ocupa cinco capítulos e termina a história da "menina dos rouxinóis". Em seguida, o leitor é finalmente conduzido à "conclusão da viagem a Santarém: e assim termina este livro".

O autor ergue um painel das transformações pelas quais passa Portugal nas primeiras décadas do século XIX. Aí poderemos ler a viagem mais ambiciosa, a lenta expansão do espírito romântico, com sua valorização da liberdade individual, a vida afetiva sendo mais valorizada do que a razão dominadora, o culto da fantasia e dos excessos imaginativos, o sonho de uma sociedade mais igualitária, na qual convivem o nacionalismo exaltado e um gosto acentuadamente cosmopolita.

O ideal liberal e romântico, idealizado no jovem herói apaixonado, generoso e destemido – embora imprevisível –, empenhado na aventura tríplice do Amor, da Guerra e da Fé como determinações íntimas, forjadas no recesso da alma e do coração do indivíduo, são valores predominantes do romantismo. O autor compartilha um fascínio pelo passado medieval, pois é na Idade Média que se localizam as raízes desse ideal humano na condição de união harmoniosa das virtudes do guerreiro, do amante e do devoto (Almeida Garrett, 1992).

É importante ressaltar o estilo ousadamente inovador usado nas *Viagens* e na obra de Garrett. Promoveu a renovação – ou refundação – da língua literária portuguesa em três aspectos: escreveu para novos interlocutores, fora dos conventos, das academias e dos salões afastados da oratória sagrada e do discurso jurídico; simplificou a construção da frase; alargou os recursos lexicais usando registros populares e familiares, incentivando várias matrizes de criação de palavras. Em outras palavras,

esse estilo informal e sinuoso, seu tom à vontade, algo indisciplinado e irônico, beirando muitas vezes o coloquial, decreta o fim de três séculos de prosa clássica, em Portugal, e abre caminho para a prosa moderna. Daí por diante, a linguagem literária portuguesa descerá do pedestal das musas universais, para chegar ao nível da rua, tornando-se mais afetiva e comunicativa, mais democrática e burguesa, sem perder a elegância. (Moisés, 1992, p. 16)

Outra questão de relevância é em relação aos interlocutores: do *eu* e do *tu*, como elementos predominantes do discurso que se distancia da escrita anterior. Substitui *senhor leitor* pelo *tu leitor*, pois assim aproxima a escrita dos modelos conversacionais e promove uma intimidade como ingrediente literário do discurso narrativo. Há uma democratização da língua literária. O uso do *tu* corresponde a uma grande mudança na estratificação e no relacionamento social.

O ideal liberal e romântico, idealizado no jovem herói apaixonado, generoso e destemido – embora imprevisível –, empenhado na aventura tríplice do Amor, da Guerra e da Fé como determinações íntimas, forjadas no recesso da alma e do coração do indivíduo, são valores predominantes do romantismo.

Em relação à sintaxe, também simplifica a construção da frase. Aproxima-se da linguagem oral do diálogo e afasta-se dos ritmos declamatórios da prosa barroca. Garrett se assume simultaneamente como um inovador e como herdeiro comprometido com a tradição.

Voltando para as *Viagens*, devemos ressaltar a brevidade dos capítulos, que prendem o leitor e o obrigam a seguir em frente, sempre adiante, já que a viagem, além de rica, é variada, está longe de ser cansativa. A "fala" do narrador é uma imagem da vida como aventura e descoberta, como o prazer de experimentar e hesitar, tentar e desistir e voltar a tentar, pelos mesmos ou por outros caminhos.

Chama-nos a atenção para a mistura de gêneros e planos, o que sugere uma liberdade em ir e vir. O sujeito da enunciação que, em determinado momento, é o outro, ou o herói; um enredo que se desenrola dentro do outro – todas essas técnicas que são comuns hoje, para leitores modernos, sugeriam à época uma incrível modernidade e ousadia. Porém, somente depois, bem depois, foram assimiladas pelo modernismo.

Almeida Garrett é inovador ao tratar a literatura nessa busca instaurada nos percursos de uma expressão que retoma valores nacionais, não por um simples nacionalismo, mas para resgatar valores que se dissiparam ao longo dos anos, para compreender melhor o ser português, a língua portuguesa, e compreender a si mesmo. O autor faz isso magistralmente, por exemplo, em *Viagens na minha terra*, cujo enredo sugere paisagens e personagens nacionais, e a construção do romance requer artifícios modernos; do mesmo modo, Garrett constrói seu universo pessoal e nacional.

O romantismo em Portugal teve outros desdobramentos, poderemos constatar ao estudar um outro autor do mesmo movimento, Camilo Castelo Branco, posterior a Garrett. Ele amplia o olhar romântico, ao mesmo tempo que traz outras questões, de outra ordem.

3.1.2 Camilo Castelo Branco

Considerado pela crítica como pertencente à segunda geração do romantismo, também visto como um ultrarromântico, pela supervalorização dos sentimentos em suas novelas passionais, Camilo Castelo Branco pertence a uma geração que se sente mais livre em relação às questões levantadas pela geração de Almeida Garrett, como a busca de valores tradicionais portugueses, o compromisso em abordar a história e a busca de um estilo próprio, misturando vários gêneros, como vimos em *Viagens na minha terra*. Essa segunda geração supervaloriza os sentimentos, constrói uma narrativa que contribui para mostrar como o amor tende a superar quaisquer fronteiras; o amor está distante dos interesses monetários e familiares. Embora nas novelas passionais de Camilo Castelo Branco haja uma supervalorização dos sentimentos e, portanto, uma veia romântica, em textos como *Eusébio Macário* e *A corja* há um tom de paródia do estilo naturalista.

Camilo Castelo Branco oscila entre um idealismo e um materialismo. O sarcasmo dava a ele e a seu público a ilusão de vencer os conflitos sociais e, intimamente, os seus, do real e do ideal. Escrevia sem parar e afoitamente, com a pena pesada, com traços grossos, aproximando seus personagens de caricaturas.

Esse autor tinha uma capacidade de selecionar apropriadamente os eventos principais a fim de chegar rapidamente ao desenlace, com muita habilidade na criação de personagens diferentes, com maestria na criação dos diálogos, além da sátira e do sarcasmo. Tinha profundo domínio da técnica narrativa, que combinava com seu senso de observação.

Camilo Castelo Branco nasceu em Lisboa, em 16 de março de 1825, e morreu em 1º de junho de 1890. Na literatura portuguesa, foi considerado um mestre da narrativa densa, rápida e persuasiva. Ficou mais conhecido como novelista.

Em *Amor de perdição* (1862), a obra-prima da novela passional camiliana, conta a história do amor trágico de Simão de Botelho e Teresa de Albuquerque, cujas famílias se odiavam. A ação se passa em Portugal: Viseu, Porto e Coimbra, no século XIX, e o narrador diz que contará fatos ocorridos a seu tio Simão. Para isso, Camilo Castelo Branco pesquisou documentos sobre esse tio, que, de fato, esteve preso, e, em posse de dados mais concretos sobre seu parente, usou a fantasia para criar a sua história de amor comovente e trágica.

Em sua época, essa novela teve uma excelente aceitação pelo público. "Trata-se de uma obra inspirada em outros textos, cujo tema é o amor impossível, um amor que somente poderia se realizar-se num outro plano, no plano espiritual" (Santos, 2007, p. 351).

Simão era filho do corregedor de Viseu, Domingos Botelho, que dera sentença desfavorável ao pai de Teresa, Tadeu de Albuquerque. Os dois jovens apaixonados contam com a ajuda de uma mendiga e de Mariana, filha do ferreiro João da Cruz, para trocarem correspondência. Mariana nutre um amor abnegado pelo rapaz, sabendo que será impossível ser correspondido – primeiro porque o coração de Simão já está ocupado por Teresa e, segundo, pela diferença social. Depois de muitas brigas, Teresa é mandada para um convento; seu amado decide raptá-la, mas acaba matando seu rival e, assim, entrega-se à polícia. É condenado à forca, mas consegue uma absolvição e é mandado para a Índia. Teresa está doente, no convento, mas sabe da partida de seu amado e pede-lhe para ver passar o navio que levava o desterrado. Após dizer adeus, morre. Mariana, que acompanhava Simão, mostra-lhe a última carta de Teresa; este, sabendo de sua morte, tem uma febre inexplicável e morre. O corpo é arremessado ao mar, Mariana não suporta esse sofrimento e atira-se nas mesmas águas, morrendo ao lado de seu amado. Esse final trágico nos leva à conclusão de que o amor leva à perdição.

É a história de Romeu e Julieta à portuguesa, do amor de perdição, do amor que não pode concretizar-se por causa do passado das famílias, o que acarreta uma tragédia envolvendo primeiro os protagonistas e Mariana e depois as famílias.

Há nessa obra um entrelaçar de vozes. O narrador começa lendo documentos oficias e se compadece dos infortúnios de um rapaz de 18 anos; assim começa a narrativa. No final, o narrador se nomeia como filho de Manoel Botelho, o que dá um tom documental, comum ao romantismo. Há as cartas de Teresa contando sua desgraça no convento, lidas por Simão Botelho antes de morrer, o que torna mais trágico o enredo. A personagem Mariana merece respeito, ela é completamente devota a

Simão, sujeitar-se-ia a sofrer solitariamente se seu sofrimento fosse trazer felicidade ao amado. O narrador procura a simpatia dos leitores, conta com nossa indignação perante tamanha injustiça cometida pelos homens, começando pelo abuso da autoridade paterna. Também denuncia o ambiente corrupto dos conventos, no qual as freiras apresentavam vícios dos mais variados: alcoolismo, taras sexuais, falsidades, padres com olhares lascivos para freiras e noviças.

Nas tramas que Camilo Castelo Branco constrói, sempre há um equivalente de sofrimento e infelicidade, diria Paulo Franchetti (2013), ou porque a paixão se choca frontalmente com as necessidades do mundo social, ou porque significa, em última análise, um desejo luciferiano de recuperar o paraíso na terra. É uma literatura apegada a ideais de liberdade e felicidade individual e de luta contra preconceitos; ao mesmo tempo, o autor aprimora a observação de tipos humanos e situações sociais.

A partir das leituras dessas duas grandes obras do romantismo português, poderemos resumir algumas de suas características, como: nacionalismo; historicismo (origem das famílias) e medievalismo; valorização das fontes populares e do folclore; sentimentalismo; culto ao fantástico, crítica social; pessimismo; idealização, escapismo; luta entre o liberalismo e o absolutismo; certa atração pela morte; revolta contra regras e modelos; liberdade de criação artística. No estilo, há defesa da mistura de gêneros literários, linguagem próxima aos leitores e sentimento mais valorizado em relação à razão. Vale a pena ler as obras na íntegra e reconhecer os traços mencionados aqui, pois é assim que vamos identificando as obras que pertencem a um mesmo período.

Se Almeida Garrett narrou as viagens por sua terra, recuperando lendas e heróis nacionais, tendo como cerne da narrativa a história de amor infeliz da "menina dos rouxinóis", Camilo Castelo Branco foi direto para a narrativa principal: a história de amor infeliz de Simão, de Teresa e, talvez, da heroína da novela, Mariana. Esse autor descreveu a vida de personagens que por seus sentimentos – e não de acordo com a vontade "da lei" – se tornaram exilados sociais. Essa foi a condenação de Simão, que não a cumpriu, pois a morte lhe chamou, sendo esta a sua última peregrinação.

trêspontodois
Realismo

O realismo português tem como marco a **Questão Coimbrã**, ou **Questão do bom senso e bom gosto**, como ficou conhecida, em 1865. Voltando um pouco no tempo, depois que Almeida Garrett morreu, em 1854, e Alexandre Herculano se retirou dos meios intelectuais, o escritor António Feliciano de Castilho se transformou num mentor intelectual de jovens poetas lisboetas que se esmeravam em repetir velhos procedimentos literários do ultrarromantismo. Antero de Quental os chamava de "a escola do elogio mútuo"; era um grupo oficial de literatos.

No ano de 1865 foi publicado *O poema da mocidade*, de Pinheiro Chagas, um dos componentes do grupo. Castilho escreveu o prefácio, elogiando seu protegido e recomendando-o para uma cadeira no curso de Letras; além disso, criticava jovens poetas, acusando-os de que lhes faltava "bom senso e bom gosto". Um dos jovens poetas era Antero de Quental, que não deixou escapar a oportunidade para polemizar. Essa polêmica ficou conhecida como *Questão Coimbrã*, ou *Questão do bom senso e do bom gosto*. De um lado, encontravam-se os defensores do *status quo* e, de outro, o grupo de jovens escritores estudantes em Coimbra que, influenciados pela leitura principalmente da literatura francesa, não eram contra Garrett ou Herculano, mas contrários a esses escritores ditos conservadores.

Os jovens estavam interessados nas novas correntes filosóficas, científicas e artísticas que surgiam no restante da Europa, em especial na França, na Inglaterra e na Alemanha. No meio acadêmico, começaram a defender as ideias de Hippolyte Taine, Pierre-Joseph Proudhon, Charles Darwin e Auguste Comte.

Antero de Quental escreveu uma carta aberta a Castilho, intitulada *Bom senso e bom gosto*, na qual defendia a independência dos jovens escritores e apontava para a gravidade da missão dos poetas: eram arautos do pensamento revolucionário e os representantes do Ideal – ideal de escritor bastante próximo daquele cultuado por Victor Hugo e dos poetas românticos dedicados a uma temática social. Por outro lado, ridicularizava as poesias de Castilho, dizia que tendiam para um provincianismo, eram fúteis e insignificantes. Sua crítica era a

> Os jovens estavam interessados nas novas correntes filosóficas, científicas e artísticas que surgiam no restante da Europa, em especial na França, na Inglaterra e na Alemanha.

um tipo de romantismo representado por um sentimentalismo piegas e afetado do grupo de Castilho. O que se sobressai desses textos é a constante invocação da consciência moral e social: reivindicava uma literatura militante dirigida àqueles homens que trabalham, que produzem.

Depois, em 1866, Teófilo Braga se solidarizou com o grupo de jovens escritores no folheto *Teocracias literárias*. Mais tarde, por volta de 1871, o grupo voltou a se reunir em Lisboa, na casa de um deles, formando a fraternidade acadêmica Cenáculo, da qual Antero era o mentor. Nas reuniões, discutiam questões sociais e filosóficas, problemas literários, liam Pierre-Joseph Proudhon e sua teoria sobre o socialismo utópico. Surgiu a vontade de realizar uma série de palestras para divulgar as novas ideias que agitavam a Europa. Organizaram, assim, as Conferências Democráticas no Cassino Lisbonense.

A conferência inaugural foi pronunciada por Antero, em 22 de maio de 1871. Depois, na segunda, também pronunciada por ele, foi desenvolvido o tema das "Causas da decadência dos povos peninsulares".

Em síntese, essa conferência tratou de três causas principais. Uma delas era moral, ou seja, a transformação do catolicismo pelo Concílio de Trento, ou a questão da Contrarreforma. Para ele, o catolicismo se tornou uma instituição, não um sentimento e, ainda, expulsou os mouros e os judeus, raças inteligentes e industriosas, e isso foi uma calamidade nacional. Outra causa era política, na qual tratou do estabelecimento do absolutismo, o que trouxe a ruína das liberdades locais. Por último, mas não menos importante, a causa econômica, que tratou da questão da política da expansão ultramarina, a qual, segundo Quental, contribuiu para a decadência de Portugal e outros países peninsulares, como a Espanha, porque se ocupavam do desenvolvimento de conquistas longínquas. Era um sistema de rapina guerreira que detivera, em Portugal, a evolução econômica do resto da Europa. Foi uma opinião crítica em relação a esse ponto, considerado de honra para as pessoas mais conservadoras, que colocavam o ápice da cultura portuguesa nessas conquistas além-mar – podemos perceber esse ponto de vista em, por exemplo, *Os Lusíadas*.

Um pouco depois, em 1890, a Inglaterra anunciou o *ultimatum* aos lusitanos, contra a possibilidade de Portugal expandir seus territórios na África, o chamado *mapa rosa*. Portugal ambicionava ter uma vasta área colonizada na África, que iria de Moçambique a Angola, numa faixa horizontal, pintada no mapa de cor-de-rosa – daí o nome. Esse projeto foi abortado pela Inglaterra, que, por sua vez, também ambicionava ocupar esses territórios em seu projeto de unir as colônias do norte da África à África do Sul, assim anunciando o *ultimatum* e acabando com o sonho português. Antero se mostrou um visionário e contrário à política expansionista e colonialista de Portugal, que predominava desde os primórdios da formação do país.

Antero de Quental, enfim, questionava a estrutura antidemocrática das nações ibéricas desde meados do século XV, que visava às conquistas e à exploração de terras além-mar, tendo por base a utopia proudhoniana de um princípio federalista (Quental, 1871).

Para saber mais

Vale a pena ler, na íntegra, o seguinte discurso de Quental:

QUENTAL, A. de. Causas da decadência dos povos peninsulares nos últimos três séculos. 27 maio 1871. Disponível em: <http://aula portuguesonline.no.sapo.pt/causas.htm>. Acesso em: 10 set. 2014.

Trata-se de texto atual e que se constitui em uma aula política social do momento que Portugal vivia. Destacamos dois trechos em que se nota o pensamento contrário às colonizações: "A conquista da Índia pelos Portugueses, da América pelos Espanhóis, foi injusta, porque não civilizou. Ainda quando fossem sempre vitoriosas as nossas armas, a Índia ter-nos-ia escapado, porque sistematicamente alheávamos os espíritos, aterrávamos as populações, cavávamos pelo espírito religioso e aristocrático um abismo entre a minoria dos conquistadores e a maioria dos vencidos". [...] "Dessa educação, que a nós mesmos demos durante três séculos, provêm todos os nossos males presentes. As raízes do passado rebentam por todos os lados no nosso solo: rebentam sob forma de sentimentos, de hábitos, de preconceitos. Gememos sob o peso dos erros históricos. A nossa fatalidade, a nossa história." (Quental, 1871)

A terceira conferência foi "Literatura portuguesa", pronunciada por Augusto Soromenho; a seguinte, "A literatura nova – o realismo como expressão da arte", por Eça de Queirós, combinava sugestões de Hippolyte Taine e de Pierre-Joseph Proudhon. Nesta última, o autor defendeu uma teoria da arte condicionada a fatores diversos, uns permanentes – como solo, clima, raça –, outros acidentais ou históricos – como os ideais de cada sociedade. Apontou uma missão social e moralizadora para a literatura, criticou a literatura romântica que fugia de sua época e indicou como missão histórica da nova literatura criticar a velha sociedade, abrindo caminho à Revolução.

Para compreender todo o alcance dessas conferências, convém notar que se estava num ano decisivo, 1871 – remate da unificação da Itália, queda do II Império Francês, Guerra Franco-Prussiana, Comuna de Paris. O ministro do reino português, António José de Ávila, após ataque de jornais conservadores, que acusavam os conferencistas de intenções subversivas e de serem adeptos da Comuna, deu ordem para encerrar as conferências.

Esses encontros, desavenças, debates e textos desses jovens intelectuais originaram a literatura realista, seguindo princípios de intelectuais do resto da Europa. O sonho desses jovens era modernizar Portugal em questões políticas e estéticas, igualando-o ao que acontecia em outros países europeus.

As principais teorias que deram fundamento ideológico à literatura realista-naturalista foram:

+ a filosofia positivista de Auguste Comte (1798-1857), que defendia a reforma social por meio do conhecimento empírico, baseado na observação, na experimentação e na comparação – propunha uma espécie de "religião da ciência";

- o socialismo utópico de Pierre-Joseph Proudhon (1809-1865), que era contra a luta política, mas defensor de associações de auxílio mútuo formadas por pequenos produtores;
- o evolucionismo de Charles Darwin (1809-1882), segundo o qual as espécies de animais não teriam sido criadas ao mesmo tempo – as mais simples teriam dado origem gradativamente às mais complexas;
- os estudos do fisiologista Claude Bernard (1813-1878), que descobriu, entre outras coisas, que as doenças de modo geral nada mais são do que anomalias ou disfunções dos órgãos do corpo humano, e não do espírito;
- os estudos anticlericais sobre a veracidade dos fatos religiosos do historiador e filólogo francês Joseph Ernest Renan (1823-1892).

Concluindo, Antero de Quental, Eça de Queirós, Oliveira Martins e outros escritores que solidarizaram com questões afins buscaram diagnosticar os problemas da vida social e apontaram soluções reformistas, de caráter socialista, mas mantendo a estrutura do regime capitalista.

Quando nos referimos às questões socialistas, fazemos referência às ideias de Proudhon e não às ideias de Karl Marx (1818-1883), pois os autores que revolucionaram a literatura desse período desconheciam as teorias do socialismo marxista.

Portanto, esses jovens causaram uma transformação significativa em questões políticas, culturais e estéticas. Pensaram sobre questões fundamentais do povo português, além de dirigirem o olhar para os desfavorecidos.

Com base nas obras desse autores, será possível compreender o mundo que viveram e as questões que trouxeram. Vamos estudar com mais atenção a obra de Eça de Queirós.

3.2.1 Eça de Queirós

O escritor Eça de Queirós nasceu em Póvoa de Varzim, em 25 de novembro de 1845. Era filho de burguesia culta, filho de um magistrado, mas fora do casamento legal, o que o levou a ser afastado dos pais.

Estudou Direito em Coimbra e participou ativamente da chamada *geração de 70*. Portugal, sob o ponto de vista tecnológico, econômico e social, estagnava. A consciência dessa geração despertou dentro dessas condições, e a visão de uma Europa mais adiantada teve um papel decisivo: toda a sua atenção era atraída pela Europa, que lhes chegava – como dizia Eça de Queirós – aos pacotes de livros, pelo caminho de ferro. Faleceu em Paris, em 16 de agosto de 1900, aos 55 anos.

Os primeiros escritos de Eça de Queirós, folhetins e contribuições em jornais, foram reunidos postumamente no volume *Prosas bárbaras*, de 1905, ainda influenciado pela poética romântica. A obra *A cidade e as serras* pertence ao chamado segundo conjunto de sua obra, constituído de três romances: *A correspondência de Fradique Mendes*, de 1900; *A ilustre Casa de Ramires*, de 1900; e *A cidade e as serras*, de 1901. Todos foram publicados logo depois da morte do autor, sem sua última correção, por isso são considerados obras semipóstumas.

O primeiro conjunto é constituído pelas obras em que Eça de Queirós buscou representar literariamente a sociedade em Portugal de sua época: *O crime do Padre Amaro*, de 1876; *O primo Basílio*, de 1878; e *Os Maias*, de 1888. Entre *O primo Basílio* e *Os Maias* foram publicadas duas outras obras importantes: *O mandarim*, em 1880, e *A relíquia*, em 1887. Esses são os principais romances de Eça. Também foi contista e seus *Contos* foram reunidos e publicados em 1902.

Eça de Queirós e Ramalho Ortigão escreviam uma publicação mensal, *As Farpas*, e cada número constituía um comentário crítico e satírico da sociedade portuguesa, orientado principalmente pelas ideias sociológicas de Proudhon. No artigo inicial, redigido por Eça de Queirós, em 1871, já se mostra um panorama crítico da sociedade, da vida política, do jornalismo e da literatura. Isso nos dá o travejamento ideológico da obra dele desde *O crime do Padre Amaro* até *Os Maias*.

O conto *Singularidades de uma rapariga loura*, publicado em 1874, corresponde ao período de adesão aos modelos literários pregados pelo realismo. Com esse conto e junto aos três primeiros romances, Eça queria criar um grande painel da sociedade portuguesa desde 1830. Procurou escrever uma obra para cada um dos aspectos que denunciavam a podridão da realidade portuguesa.

Nas obras da segunda fase – ou, para alguns críticos, a fase da maturidade –, Eça de Queirós abandona as regras estritas do realismo literário, sem deixar de lado a ironia e a caricatura dos tipos; tampouco deixa de apresentar uma visão crítica da realidade. A imagem que temos dessa fase é a do crítico mordaz que, por detrás de um monóculo atrevido, sabia caricaturar os ridículos de uma sociedade presa a valores rurais e que, por outro lado, ansiava por valores urbanos, criados pela Revolução Industrial, da qual se achava marginalizada.

Nas obras da segunda fase – a fase da maturidade –, Eça de Queirós abandona as regras estritas do realismo literário, sem deixar de lado a ironia e a caricatura dos tipos; tampouco deixa de apresentar uma visão crítica da realidade.

A chamada segunda fase do escritor realista são textos de abrandamento, uma espécie de reencontro de Eça de Queirós com os verdadeiros fundamentos da nacionalidade portuguesa. São obras que buscam a compreensão e não o impacto.

Barbosa (2002, p. 205) sintetiza esses aspectos:

> Deste modo, e como é natural em se tratando de um escritor com as dimensões de Eça de Queirós, há de tudo para todos os gostos: há, por um lado, o herdeiro direto das posições assumidas pelos participantes, como ele, da chamada geração de 1865 que, capitaneados pelo radicalismo social, e mesmo socialista, de Antero de Quental, buscavam uma análise impiedosa da sociedade portuguesa, e que ele tratou de realizar através do projeto das Cenas da Vida Portuguesa, que estaria representada pelas obras pensadas e escritas até, mais ou menos, os fins dos anos [18]80, e há, por outro lado, o escritor compreensivo, crítico antes de uma certa sociedade do que social, aquela que era percebida a partir dos que, como ele, participavam do seleto grupo dos Vencidos da Vida [...] e, que, de certa forma coincidia com os traços mais marcantes de sua

biografia – o casamento com uma descendente da nobreza territorial, os arranjos adequados da carreira diplomática, as relações mais estreitas com os membros da monarquia no poder. Seria esse último Eça de Queirós que pensa e escreve as obras, sobretudo duas daquelas três obras mencionadas, A ilustre Casa de Ramires *e* A cidade as serras. *Ambas foram publicadas postumamente no início do século XX.*

Alexandre Barbosa (2002), a partir da divisão que se faz nas obras de Eça de Queirós, coloca os livros da primeira fase de Eça de Queirós como mais críticos em relação à sociedade portuguesa; já as obras da segunda fase são as de um escritor mais compreensível. A obra em que nos deteremos faz parte da segunda fase. A partir do título da obra, *A cidade e as serras*, instaura-se um antagonismo – sugerimos um antagonismo paralelo. Vamos aprofundar a leitura e entender o porquê.

3.2.1.1 *A cidade e as serras* – uma possível leitura

No romance *A cidade e as serras*, Eça de Queirós contrapõe dois antagonistas célebres na cultura ocidental: a cidade e o campo – ou serras, para os portugueses. Assim como seu conterrâneo, o poeta Cesário Verde, a cidade é vista por Eça de forma nociva, prejudicial, artificial e o campo é o lugar em que se pode restabelecer, reencontrar-se. Esse problema já fora cantado em verso e prosa desde os antigos. Portugal era um país agrário, dependente do campo, ao mesmo tempo que o desprezava. A natureza era vista como sinal de atraso, em oposição à civilização que borbulhava em cidades europeias. A cidade do romance é Paris, a capital da cultura desse final de século.

Na obra de Eça de Queirós, há diferenças ideológicas e duas direções antagônicas e conflitantes. A primeira fase é marcada pela visão chamada *urbanista*, mais forte nos romances iniciais, e a outra é a do homem do campo, presente nas últimas obras, entre as quais *A cidade e as serras*. Assim como, ao longo das narrativas de Eça, há ora a predominância das cidades, ora das serras nesse romance, repete-se essa dicotomia. Na primeira fase da história, o espaço é Paris, a cidade por excelência; na segunda parte, o espaço é a província portuguesa. Esses espaços são tão marcados que se tornam personagens, e o conflito instaurado é entre a cidade, por um lado, e as serras, por outro.

A personagem principal, Jacinto, é um homem civilizado, do maior requinte imaginável, beirando o exagero. Assistimos à exposição de suas teorias de felicidade vinculadas à civilização durante os primeiros capítulos do livro. Mora em Paris, como qualquer ser "civilizado" do fim de século, nos Campos Elíseos, num palacete, com os últimos produtos da Modernidade: luz elétrica, elevadores e toda uma parafernália que, muitas vezes, produzia mais problemas do que soluções.

Estamos exatamente no fim do século, conhecido como *Belle Époque*, que preza o desperdício, o requinte, o luxo, o supérfluo e todas as modernidades. Jacinto está incluído nesse momento histórico e representa-o perfeitamente. Para a personagem, a ideia de civilização não se separa da imagem da cidade. Faz apologia à civilização, representada pelo cientificismo, pela cultura livresca, pelas modernidades presentes nas cidades.

Eça, de certa forma, antecipa esse momento histórico ao criar Jacinto. A *Belle Époque* foi imprecisamente situada entre o final do século XIX e o início do século XX (1914): cada um toma posse do que é seu, a febre da possessividade se alastra. Já na metade do século XIX, Baudelaire descrevia a cidade de Paris como um *show*; no final do século XIX, esse caráter se acentua e todos podem participar desse *show*. A rua se democratiza de tal modo que as diferenças têm de ser sublinhadas pelo reforço, cada vez mais impertinente, do esnobismo. Foi o ponto culminante e a fase áurea da Modernidade como um todo.

Em *A cidade e as serras*, desde o começo da narrativa, passam-se sete anos. Encontramos a casa de Jacinto supercivilizada, povoada de supérfluos. A narrativa se arrasta, o ambiente se mostra artificial, a personagem torna-se escrava da civilização, a mesma que exaltava. É mostrado para nós, pelos olhos do narrador, José Fernandes, o despotismo dos afazeres.

Eça de Queirós se mostra crítico dessa sociedade supercivilizada cuja capital era Paris. Vislumbramos o tédio assolar a personagem. É sublinhada a falsidade da vida de Jacinto nas infrutíferas tentativas de agradar à sociedade que o provê e o esgota. A narrativa nos conduz ao vazio existencial; a cada nova passagem sentimos o tédio que se esparge, e até o ritmo da narrativa é assolado pelo niilismo que Jacinto experimenta.

O vazio existencial, o niilismo, é um aspecto da Modernidade que foi devidamente traduzido por Dostoiévski, ou, na filosofia, por Schopenhauer. Eça acompanha essa tendência ao descrever a vivência de Jacinto, percebendo sua vida cada vez mais sem sentido. Quando a solução parece ser o suicídio, uma luz aparece e o protagonista se sente estimulado a fazer uma viagem de retorno às raízes portuguesas. Planeja, como um bom burguês, uma estada em Portugal, nas serras de Tormes, de seus ancestrais, para supervisionar as obras de reconstrução da capela e do cemitério da família arrasados por uma temporada de chuvas.

A narrativa aqui se assemelha, numa comparação ousada, a um *road movie* (filme de estrada). A personagem, junto com seu amigo e narrador dessa história, sai em viagem e, aos poucos, vai se modificando, vai se conhecendo. É uma viagem de reconhecimento, e nada mais natural do que buscar suas raízes, a terra de seus ancestrais, da natureza, contrapondo-se à vida parisiense, supercivilizada.

Eça de Queirós não se deixa enganar pela sedução do luxo e pelo requinte e percebe aonde isso pode levar o ser humano, deixando-o entregue ao tédio, ao vazio existencial. Por esses motivos, sua personagem tem uma chance de se redescobrir, indo às serras. Há um desnudamento em cada estação na qual o trem para, até o momento em que Jacinto e José Fernandes percebem-se sem nenhuma bagagem, perderam tudo, encontram-se apenas com a roupa do corpo e sobrevivem. Após a adaptação às serras, Jacinto se depara com seus empregados vivendo na penúria e se surpreende.

No posicionamento do autor há, por um lado, uma crítica do cientificismo e da exaltação do conhecimento livresco tão em moda nesse final de século. Por outro, Eça introduz um posicionamento político sociológico por meio da visão equivocada e alienada de Jacinto perante os problemas sociais que existem em sua propriedade, o que deixa seu amigo irritado com tamanha desinformação. Mas para seu herói há salvação e ele faz planos para estabelecer dignidade a todas as famílias que moram em Tormes (Queirós, 1901). A narrativa está diametralmente construída: por qualquer aspecto encontraremos antagonismo. Se, por exemplo, observarmos as personagens femininas e compararmos as que moram em Paris com as da serra, veremos a mesma oposição. Eça capricha nas cores e cheiros da serra e, em contrapartida, a cidade aparece quase em preto e branco; assim distingue um ambiente do outro, sempre valorizando o campo em prejuízo da cidade. Não deixa de ser uma crítica ao momento histórico em que vive, que supervaloriza a tendência exportada de outras cidades da Europa, enquanto os produtos nacionais são desvalorizados, também pelos portugueses (Queirós, 1901). Resgata valores nacionais incluindo até o mito nacional de D. Sebastião, que voltaria para levar Portugal ao reconhecimento como outrora, na época áurea dos portugueses, das Grandes Navegações. No romance, esse mito é relembrado pelos camponeses, os guardiões da tradição.

Silva (1997, p. 185) fez uma análise sobre a tensão entre o heroico e o prosaico nesse romance:

> O retorno a Tormes representa o reencontro com a origem que é também o reencontro com a virtude que habitava virtualmente na intimidade de sua alma, e que se manifesta no desabrochar do seu Eu natural. [...] se trata de experiências que se sucedem: a do homem sufocado pela civilização e a do homem libertado pela natureza. Existe a perspectiva do reencontro da origem como libertação, na medida em que a atualização da memória histórica no tempo imobilizado das Serras coincide

com a recuperação da autenticidade do sujeito, do si-mesmo antes alienado na construção social da personagem parisiense. O reencontro de si no cenário histórico da origem do país e da raça sinaliza para o tema de compromisso ético de fidelidade à própria história, em que as dimensões social e psicológica estão intimamente vinculadas.

A cada episódio referente ao estilo de vida regulado na cidade corresponde um fato contrário pertencente ao modo de vida nas serras. O estilo de vida de Jacinto em Paris é retratado minuciosamente, para que se perceba como um conjunto de coerções semânticas rege não só suas palavras, mas também as suas ações.

A cidade e a serras não é um romance ecológico, tampouco um romance reacionário em sua crítica ao progresso; não critica aquilo que o progresso oferece para melhorar a vida do homem. O último Jacinto não está preocupado em preservar a natureza, nem com os direitos dos seres não humanos, mas com o direito de todos os homens a uma vida digna. O princípio estrutural do romance é a representação de uma questão crucial no século XIX, que é a do progresso, e as personagens principais são a cidade e as serras. A angústia de Eça é o atraso de Portugal em relação ao resto da Europa.

3.2.2 Cesário Verde

Ainda sobre o realismo, um pouco posterior, não podemos nos esquecer do poeta Cesário Verde, um leitor de Charles Baudelaire, considerado o precursor da poesia moderna europeia. O mesmo diremos de Cesário em Portugal.

O cenário e grande personagem de seus poemas é a cidade, assim como o do poeta francês. Ele nasceu em Lisboa, em 1855, e morreu em 1886, de tuberculose, na mesma cidade. Sua obra foi recolhida anos após sua morte por seu amigo Silva Pinto, que publicou *O livro de Cesário Verde*. Construiu um trabalho poético original, combinando uma temática nova e uma expressão inovadora. A visualização do cotidiano que transpassa em seus poemas é impressionista, evita a interferência analítica de quem observa – o eu poético e, através dele, o leitor. A cidade é uma personagem, aparece como um espaço em que as sensações são despertadas por um frequente espetáculo de dor humana, protagonizado principalmente pelos oprimidos e marginalizados. Por outro lado, o espaço rural não é idealizado: o campo é o lugar de lucro, fonte de saúde econômica e física.

O poema "O sentimento de um ocidental" nos encaminha para a condição do poeta e do lugar, ocidental – e ainda está na parte mais ocidental do Ocidente, Portugal. A noção de Ocidente/Europa excluía Portugal, assim como o lugar do poeta, que, a partir de Baudelaire, entra em crise. Anteriormente, durante o romantismo, o poeta era considerado um profeta, um visionário, um vate, ou seja, tinha um lugar na sociedade. Há depois uma ruptura entre a sociedade e o poeta. É um tema para Cesário, assim como para Baudelaire, a exclusão do poeta da ordem social.

"O sentimento de um ocidental" é um poema longo, composto de quatro partes, todas simétricas a ponto de, em todas as partes, em todas as quintas estrofes, o sujeito lírico se referir a

Camões. Esse poema é um testamento de Cesário Verde sobre Camões – foi encomendado para as comemorações daquele que era tido como um símbolo nacional.

Se, por um lado, o autor se refere a Camões, representante da tradição literária – portanto, relativo à alta cultura –, por outro o poeta apresenta as varinas, mulheres que vendiam peixes frescos, representantes do povo – portanto, relativas à cultura popular. Assim, Cesário Verde atualiza a cultura portuguesa citando o poeta maior de Portugal, além de transformar as varinas em personagens fundamentais da cidade, fazendo as devidas honras às mulheres do povo, pouco consideradas pela cultura dominante. Outros aspectos do poema são as contraposições entre *história* e *história cotidiana*, bem como sobre o masculino e o feminino, já englobado na colocação acima feita entre Camões e as varinas.

Cesário escreve sobre o passado, mas sem saudade. Pinça elementos da história no espaço que transforma em tempo; a descrição é febril, entretece os dois, espaço e tempo. A grande cidade ocidental é tudo o que nos remete aos problemas da civilização, é a personagem eleita – Lisboa, para ele, e Paris para Baudelaire.

> *E saio. A noite pesa, esmaga. Nos*
> *Passeios de lajedo arrastam-se as impuras.*
> *Ó moles hospitais! Sai das embocaduras*
> *Um sopro que arrepia os ombros quase nus.*
> (Verde, 1999, p. 101)

O poeta foi esnobado em vida, não teve nenhum livro publicado. Em 1910, já é lido como antecessor do modernismo. Em "O sentimento de um ocidental", o autor expressa o sentimento de um burguês, assume o lugar do burguês, não mais de um aristocrata nem a voz do povo. Não é boêmio, nem dândi, como Baudelaire. Exprime o sentimento de dor e de crítica, um sentimento profundamente dramático. É a voz do poeta diante do decadentismo, da decadência dos valores. Na última estrofe da parte III, "Ao gás", escreveu:

> "Dó de miséria!... Compaixão de mim!..."
> E, nas esquinas, calvo, eterno, sem repouso,
> Pede-me sempre esmola um homenzinho idoso,
> Meu velho professor nas aulas de latim!
> (Verde, 1999, p. 103)

Não há lugar, na sociedade portuguesa do fim de século, para os professores de latim, assim como na ordem burguesa não há lugar para o poeta. O sujeito poético se identifica com "meu velho professor nas aulas de latim" – ambos não têm serventia. O mundo burguês é um lugar pragmático e o poeta, assim como o professor de latim, não são, andam em outro compasso. Portanto, de acordo com Cesário Verde, não há lugar nesse mundo burguês nem para o professor de latim – que dá aulas de uma língua morta, fala de coisas não práticas, reconstrói uma tradição – nem para o poeta, que não se importa com a ordem das coisas.

Cesário Verde passeia pela cultura portuguesa ao mesmo tempo que caminha por Lisboa; cada parte do poema se refere a um período da noite. Ler "O sentimento de um ocidental" é fazer um passeio noturno pela cidade, desde o final da tarde até a noite cerrada. Vamos nos deparar com as varinas e com os bebedores do final de noite, o sujeito poético vai percorrendo as ruas de Lisboa e leva seu leitor junto. O seu olhar é pessimista, percorre as ruelas, o mundo mais marginal, escuro – por isso a escolha pelo entardecer, pela noite e pela madrugada, horas escuras, sombrias, assim como o olhar do poeta.

Síntese

O século XIX, na história da literatura, é de profundas mudanças. Por um lado, os escritores buscaram, durante o romantismo, ampliar e resgatar a cultura popular, trazendo os contos e as tradições populares. Procuraram conhecer o país e alargaram o uso da língua portuguesa. Por outro, durante o realismo, os autores criticaram o atraso em que se encontrava Portugal, procuraram estudar o porquê desse atraso de um povo que era desbravador, que tem em sua história as navegações, mas que não soube se renovar. Os autores realistas têm um olhar crítico para esse passado histórico e para injustiças sociais, motivados pelas teorias estudadas nos grandes centros europeus.

Atividades de autoavaliação

Leia o poema de Almeida Garrett a seguir, e depois responda às questões propostas.

Os cinco sentidos

São belas – bem o sei, essas estrelas,
Mil cores – divinais têm essas flores;
Mas eu não tenho, amor, olhos para elas:
Em toda a natureza
Não vejo outra beleza
Senão a ti – a ti!

Divina – ai!, sim, será a voz que afina
Saudosa – na ramagem densa, umbrosa,
Será; mas eu do rouxinol que trina
Não oiço a melodia,
Nem sinto outra harmonia
Senão a ti – a ti!

Respira – n'aura que entre as flores gira,
Celeste – incenso de perfume agreste.
Sei... não sinto: minha alma não aspira,
Não percebe, não toma
Senão o doce aroma
Que vem de ti – de ti!

Formosos – são os pomos saborosos,
É um mimo – de néctar o racimo:
E eu tenho fome e sede...sequiosos,
Famintos meus desejos
Estão... mas é de beijos,
É só de ti – de ti!

Macia – deve a relva luzidia
Do leito – ser por certo em que me deito.
Mas quem, ao pé de ti, quem poderia
Sentir outras carícias,
Tocar noutras delícias
Senão em ti – em ti!

A ti!, ai, a ti só os meus sentidos
Todos num confundidos,
Sentem, ouvem, respiram;
Em ti, por ti deliram.
Em ti a minha sorte,
A minha vida em ti;
E quando venha a morte,
Será morrer por ti.
(Almeida Garrett, [S.d.], p. 33-34)

1. Considerando-se as fases da poesia romântica portuguesa, é correto afirmar que o poema apresenta:

a. uma atmosfera de erotismo, manifestada pelos encantos da mulher.

b. uma atitude de culpa, em virtude da violação do ambiente celestial.

c. uma negação do ato amoroso, em razão do clima de sonho predominante.

d. uma tematização da natureza, manifestada na imagem da flor.

2. Podemos perceber que "Os cinco sentidos" corresponde a um poema romântico porque:

a. o poeta está em deleite perante a natureza.

b. o poeta exalta a mulher amada e ela supera qualquer elemento da natureza.

c. o poeta compara o canto do rouxinol ao canto da amada.

d. esse não é um poema romântico, mas uma cantiga de amor.

3. O título do poema é importante e assim confirmamos que a forma está relacionada ao conteúdo, pois:

a. o poema tem rimas e alguma paralelística, o que relacionamos às cantigas medievais.

b. a primeira estrofe está relacionada ao paladar, porque ele olha para as flores e as admira.

c. o poema tem seis estrofes, sendo que cada estrofe está relacionada a um sentido e a sexta é a junção dos sentidos e o sentido de vida e morte.

d. a última estrofe está relacionada à vida e sua extensão.

4. Podemos verificar que o realismo revela:

I. senso do contemporâneo. Encara o presente do mesmo modo que o romântico se volta para o passado ou para o futuro.

II. o retrato da vida pelo método da documentação, em que a seleção e a síntese operam buscando um sentido para o encadeamento dos fatos.

III. técnica minuciosa, dando a impressão de lentidão, de marcha quieta e gradativa pelos meandros dos conflitos, dos êxitos e dos fracassos.

Assinale:

a. se as afirmativas II e III forem corretas.

b. se as três afirmativas forem corretas.

c. se apenas a afirmativa III for correta.

d. se as afirmativas I e II forem corretas.

5. Segundo alguns críticos, as obras de Eça de Queirós apresentam um talento raro para combinar a ironia e a sátira com certo lirismo melancólico, o que lhes dá graça e sutileza, apesar do

tom caricato de que se revestem algumas passagens, por demais exemplares da hipocrisia social a ser denunciada.

São romances de tese, isto é, que denunciam a hipocrisia social:

a. *O crime do Padre Amaro; O primo Basílio; Os Maias.*

b. *A ilustre Casa de Ramires; Prosas bárbaras; O primo Basílio.*

c. *O Crime do Padre Amaro; O primo Basílio; Prosas bárbaras.*

d. *A relíquia; Os Maias; A cidade e as serras.*

Atividades de aprendizagem

Questões para reflexão

1. Embora não tenhamos estudado o autor romântico Alexandre Herculano, ele, junto com Almeida Garrett, foi o responsável pelo desenvolvimento da prosa de ficção moderna em Portugal, além da preocupação em reconstruir a época de formação da nacionalidade portuguesa. Assim, ele descreve em pormenores a Idade Média da Península Ibérica em seus contos, novelas e romances históricos. Ao mesmo tempo, resgata histórias do imaginário português na obra *Lendas e narrativas*. Leia o conto "A dama do pé-de-cabra"* e responda:

a. Em que época são contados os acontecimentos narrados? Aponte elementos do texto que nos permitem situar cronologicamente a narrativa.

---

* Esse texto está em domínio público e é possível acessá-lo neste *link*: <http://www.dominio publico.gov.br/download/texto/ws000002.pdf>.

b. Herculano faz uma cuidadosa reconstituição da época narrada. Exemplifique por meio da linguagem empregada no texto e explique como ela participa nessa reconstituição.

c. Quais são as características de D. Diogo Lopes? Exemplifique com as atitudes dessa personagem no conto.

d. O conto "A dama do pé-de-cabra" faz parte de um dos quatro livros da linhagem dos séculos XIII e XIV. Herculano recriou-a. Sabendo disso, procure caracterizar a chamada *narrativa histórica*, tão frequente no romantismo.

e. Justifique o interesse de Herculano e de Almeida Garrett, assim como de outros românticos, pela Idade Média.

2. Leia o poema "O sentimento de um ocidental"*, na íntegra e em voz alta, para perceber a sonoridade do poema e faça uma análise crítica. Tente escrever um ensaio sobre ele, comparando-o a poemas de Charles Baudelaire e outros poetas que lhe interessem.

Atividades aplicadas: prática

1. Elabore uma aula sobre Camilo Castelo Branco, focando o romance *Amor de perdição*. Não se esqueça de mencionar as características do romantismo e relacione a questão do amor, tema central dessa narrativa, com a das cantigas medievais.

---

* O poema "O sentimento de um ocidental" também está em domínio público e pode ser acessado neste *link*: <http://www.dominiopublico.gov.br/download/texto/ub000062.pdf>.

2. Leia o discurso "Causas da decadência dos povos peninsulares" e relacione esse texto aos versos de Caetano Veloso: "Será que nunca faremos senão confirmar/a incompetência da América Católica/que sempre precisará de ridículos tiranos", da música "Podres poderes" (Veloso, 1984b), do disco *Velô*. Escreva um artigo relacionando essas duas obras.

um	Origens e consolidação da língua e da literatura portuguesa
dois	Renascimento, maneirismo e barroco
três	Romantismo e realismo
quatro	**Modernismo**
cinco	Noções de literatura africana de língua portuguesa

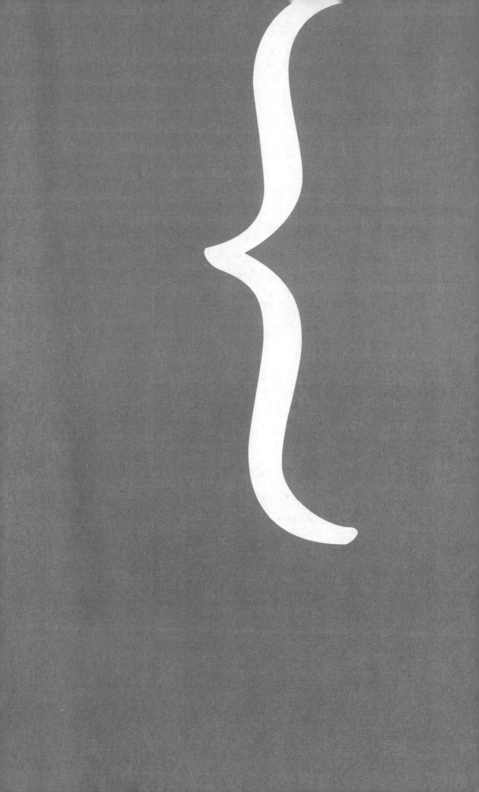

€ CONCEITUAR O MODERNISMO nos parece demasiado amplo, mas poderemos explorar algumas dessas questões. O século XX nos trouxe uma nova arte e que consiste, generalizando, numa ruptura com a tradição. É uma consciência nova, uma nova condição do pensamento – condição que a arte moderna explorou, vivenciou e à qual, às vezes, se opôs. O crítico francês Roland Barthes identifica o modernismo com a pluralização das visões de mundo, derivada da evolução das novas classes e meios de comunicação, e o situa na metade do século XIX: "Por volta de 1850 [...] a escritura clássica então se desintegrou, e a totalidade da literatura, de Flaubert até hoje, passou a ser a problemática da linguagem", escreveu no livro *O grau zero da escrita* (Barthes, citado por Bradbury; McFarlane, 1999, p. 14).

Podemos considerar que é a arte de um mundo em rápida modernização e, como escreveram os críticos ingleses Bradbury e McFarlane (1999, p. 43): "o Modernismo é nitidamente a arte de um mundo do qual desaparecem muitas certezas tradicionais, evaporou-se um certo tipo de confiança vitoriana não só no progresso da humanidade, mas também na própria solidez e visibilidade do real".

Continuando a leitura do livro organizado por Bradbury e McFarlane, direcionaremos nossa introdução a partir de uma citação dele:

> O modernismo, embora não seja nosso estilo total, torna-se o movimento que tem expressado nossa consciência moderna, criando em suas obras a natureza da experiência moderna em sua plenitude. Pode não ser a única corrente, mas é a principal. Como o romantismo, surgiu com limpidez histórica por volta do início de um século, num período de profunda reavaliação intelectual e transformação social e intelectual, e veio a dominar progressivamente a sensibilidade, a estética e a mentalidade do núcleo principal de nossos maiores escritores, tornando-se a visão essencial e mais adequada para nossos leitores mais sensíveis. Como o romantismo, é um movimento revolucionário, aproveitando um momento de enorme readaptação intelectual e insatisfação radical com o passado artístico – um movimento de natureza internacional, marcado por um volume de ideias, formas e valores principais que se difundiu de país para país e veio a converter na linha mestra da tradição ocidental. [...]

O modernismo não é tanto um estilo, mas uma busca de estilo num sentido altamente individualista, e na verdade o estilo de uma obra não constitui nenhuma garantia para a próxima. [...] sua qualidade de sustentar cada obra com uma estrutura apropriada apenas a ela. [...] É efetivamente uma tendência internacional, e podemos atribuir-lhe origens e causas e refletir sobre sua significação. Mas é difícil convertê-lo num estilo ou tradição universal, ainda que seu meio não seja a obra de apenas indivíduos, mas de movimentos e tendências mais abrangentes. [...] No entanto, parece apresentar um centro mais discernível: um certo conjunto fluido mas detectável de pressupostos, fundados numa estética largamente simbolista, numa concepção vanguardista do artista e numa noção sobre a relação de crise entre a arte e a história. (Bradbury; McFarlane, 1999, p. 20-21)

Por ter uma natureza oblíqua, recorremos a esses críticos abarcando tendências e estudaremos o caso específico de Portugal, marcando o início do modernismo nessa terra, com suas particularidades. Abordaremos primeiro o marco inicial, a revista *Orpheu*, analisando dois poemas dos principais representantes: Mário de Sá-Carneiro e Fernando Pessoa. Em seguida, entraremos mais nas poéticas desses dois autores.

Como cada obra encerra em si sua criação, sabemos que o ideal é estudar cada poema individualmente. Recomendamos alguma bibliografia imprescindível sobre o assunto.

quatropontoum
Modernismo em Portugal

O marco do modernismo em Portugal é a revista *Orpheu*. Foram publicados apenas dois números, sendo que o terceiro, embora articulado, nunca foi publicado.

Em 1890, a Grã-Bretanha exigiu que Portugal retirasse suas tropas de certa região da África – em outras palavras, deu um *ultimatum*, já comentado quando tratamos do realismo em Portugal. Vários escritores se manifestaram contra e, entre eles, podemos citar Eça de Queirós, Antero de Quental* e Camilo Castelo Branco – da geração anterior. A insatisfação política, que teve como estopim o *ultimatum*, fez com que o movimento republicano tivesse maior repercussão, o que colaborou esteticamente com ideais modernistas ou futuristas.

Fernando Pessoa, a principal personagem do considerado "primeiro modernismo" em Portugal, nasceu em Lisboa, dois anos anteriores ao *ultimatum*, em 1888. Em 1908 houve o regicídio e, em 1910, a implantação da República; estourou a Primeira Guerra Mundial em 1914, durou até 1918. Houve a Revolução Russa em 1917, colocando em prática ideias de Marx.

Ou seja, a Europa estava em ebulição. Várias tendências estéticas disputavam o cenário europeu: o futurismo, o cubismo e o surrealismo, que, de certa forma, foram resultantes do

---

* Embora esses escritores, principalmente Antero de Quental, tenham se manifestado contrários ao *ultimatum*, não quer dizer que apoiavam o processo de colonização na África. O *ultimatum* foi uma situação politicamente humilhante para Portugal.

impressionismo e do expressionismo. Nessa época, Sigmund Freud lançou o livro *Estudos sobre a histeria*, criando as bases de uma nova ciência, a psicanálise.

Voltando um pouco no tempo, vamos contrapor as ideias que influenciaram ou reagiram às ideias modernistas. O modernismo toma o simbolismo como modelo. Em Portugal, isso se torna evidente porque foi em revistas modernistas que foram publicados, pela primeira vez, conjuntos significativos de textos de Camilo Pessanha e Ângelo de Lima, poetas considerados simbolistas – textos centrais do simbolismo, como atesta Fernando Cabral Martins (1994).

O simbolismo e o decadentismo foram uma reação ao racionalismo e ao positivismo divulgados principalmente pela poética do realismo. Essa nova geração desprezava a razão, contrária ao mistério e ao mundo onírico. Podemos citar, como exemplo, Mário de Sá-Carneiro (1995, p. 424), que escreveu, em várias obras, desejar o mistério: "Oh!, que ânsia leonina de me abismar na Sombra – e vivê-la!, vivê-la!...".

Em Portugal, quando pensamos em realismo, pensamos em Eça de Queirós. Mas mesmo Eça, nos seus últimos contos, ultrapassa essencialmente essas fronteiras. O realismo foi marcado pela extrema valorização das ideias, da luz, da razão em prol da imaginação, das sensações e dos sentimentos.

> O simbolismo e o decadentismo seguem na sequência do naturalismo e do realismo. Isso foi uma reação ao racionalismo e ao positivismo. Essa nova geração desprezava a razão, contrária ao mistério e ao mundo onírico.

Continuando a história literária, antecipando o modernismo houve o simbolismo, que, para parte da crítica portuguesa, aproxima-se do modernismo, sendo este uma continuidade daquele. Porém, preferimos ver o modernismo com características próprias, embora com alguma filiação ao simbolismo.

Sobre o simbolismo, Wilson (1982, p. 187) nos esclarece:

> *Este último movimento (o Simbolismo) era um antídoto ao Naturalismo do século XIX, do mesmo modo por que o outro (o Romantismo) fora um antídoto ao Neoclassicismo dos séculos XVII e XVIII: o Simbolismo corresponde ao Romantismo e é, de fato, fruto dele. Todavia, enquanto era característico dos românticos procurar a experiência – no amor, nas viagens, na política – por ela mesma, pôr à prova as possibilidades de vida, os simbolistas, embora detestem igualmente as fórmulas, embora rejeitem igualmente as convenções, levam a cabo sua experimentação no campo da Literatura tão-somente; e embora sejam também, essencialmente, exploradores, exploram apenas as possibilidades do pensamento e da imaginação. E ao passo que o romântico, no seu individualismo, revoltava-se usualmente contra, ou desafiava, a sociedade da qual se sentia inimigo, o simbolista desliga-se da sociedade e se adestra na indiferença a ela: cultivará sua sensibilidade pessoal e única a um ponto que ultrapassará a dos românticos, mas não afirmará sua vontade pessoal.*

Portanto, para a crítica portuguesa, o modernismo é uma espécie de reação do realismo ao positivismo e, por outro lado, uma continuidade do simbolismo. O auge do simbolismo ocorreu no período que ficou conhecido como *Belle Époque*.

4.1.1 Panorama da *Belle Époque*

No período da *Belle Époque*, a cidade passa a ser personagem principal. Transforma-se em metrópoles, ou seja, em grandes centros urbanos, concentrando pessoas; assim, o convívio em ambientes sociais torna-se comum. O horizonte é de progresso graças aos grandes avanços tecnológicos: automóvel, telefone, metrô. A publicidade ganha impulso, a vida se torna mais rápida. É um período em festa, iluminado pela alegria de viver – mais especificamente não a alegria de viver, mas a euforia de poder.

Esse período é imprecisamente situado entre o final do século XIX e início do século XX (1914). Paris e Viena são as duas cidades símbolos da *Belle Époque*. Como imagem desse período artístico, sugerimos um passeio pelas obras de Gustav Klimt (1862-1918). A seguir, reproduziremos *O beijo*, obra consagrada desse pintor.

Figura 4.1 – *O beijo*

FONTE: Klimt, 1908.

Nas obras de Klimt, como nas dos representantes da *Belle Époque*, transparecem o luxo, pelo uso frequente de uma cor dourada, e o ar misterioso das mulheres, personagens de seus quadros.

A ambiguidade permeia a *Belle Époque*. Ama-se o ar livre, incentivando-se os esportes, mas também as artes dos interiores, a arquitetura e a decoração. "Durante o dia ela se afirma positivista, e à noite se absorve em todo tipo de esoterismo, cultivando secretamente o ocultismo e os prestígios da maçonaria [...]. Saboreia a carne mal passada do naturalismo e se embriaga com os eflúvios inefáveis do simbolismo e do decadentismo" (Kujawski, 1988, p. 2). Anteriormente ao modernismo, houve esse período intermediário que o influenciou. Era o panorama propício para as inovações estéticas produzidas posteriormente.

quatropontodois
Revista *Orpheu*

O primeiro número da revista *Orpheu* saiu em Portugal em março de 1915, provocando um verdadeiro escândalo. Os diretores eram Fernando Pessoa e Mário de Sá-Carneiro. No primeiro número colaboraram Luís da Silva Ramos (conhecido como Luís de Montavor), José de Almada Negreiros, Armando Cortes Rodrigues, o brasileiro Ronald de Carvalho e outros. Uma das ideias era unir intelectuais portugueses e brasileiros. Foi o marco do modernismo em Portugal e, por meio dessa revista, foram divulgadas as novas propostas artísticas. Além da ideia de inovar, rompendo com regras fixas, havia o desejo de escandalizar e, principalmente, o interesse de atualizar a literatura portuguesa em relação ao que se publicava no resto da Europa, às ideias das vanguardas europeias – principalmente neste primeiro momento – e ao futurismo.

O primeiro manifesto futurista de Marinetti foi lançado em Paris em 22 de fevereiro de 1909. Portugal o divulgou em 5 de agosto do mesmo ano, em Açores. No Brasil, em junho,

LITERATURA ESTRANGEIRA EM LÍNGUA PORTUGUESA

em Natal (RN) e, em dezembro, em Salvador (BA). De acordo com Fernando Pessoa, o futurismo começou a ser discutido em Portugal a partir de 1914.

No primeiro número de *Orpheu* foram publicados poemas simbolistas de Ronald de Carvalho, poemas futuristas em prosa, como "Os frisos", de Almada Negreiros, e "Ode triunfal", de Álvaro de Campos, um dos heterônimos de Fernando Pessoa. Nesses poemas há apologia às máquinas e ao automóvel, como no manifesto de Marinetti (Orfeu, 1915). No segundo número, foram publicados poemas com feição de manifestos e tom futurista, como "Ode marítima", de Álvaro de Campos, e "Manucure", de Mário de Sá-Carneiro. Esse número saiu em julho de 1915.

O terceiro número de *Orpheu* chegou a ser organizado e parte foi impresso. De Sá-Carneiro constaria a série intitulada *Poemas de Paris*: "Sete canções de declínio", "Abrigo", "Cinco horas", "Serradura" e o "Lord". De Fernando Pessoa seria publicada a "Saudação a Walt Whitman", entre outros textos. Esse número de *Orpheu* é virtual, apenas foi compilada por Arnaldo Saraiva e publicado em 1984. O princípio organizativo da série foi respeitado, ou seja, há cruzamento de textos do estilo decadente com textos modernistas.

A revista *Orpheu* foi o marco inicial do modernismo em Portugal e seus autores ficaram conhecidos como *geração de Orpheu*. A recepção dessa revista foi perturbada, pois achavam que os autores eram doidos. O segundo número foi ainda mais polêmico e o terceiro nem conseguiu ser publicado por falta de patrocínio: morria à míngua de recursos, pois a revista era financiada pelo pai de Sá-Carneiro, que teve uma reviravolta nos negócios e parou de mandar mesada a seu filho. Assim, a publicação viu seu fim.

Além da questão financeira, o outro motivo para a não publicação do terceiro número foi a polêmica suscitada pelos primeiros números da revista e, por fim, o suicídio de Sá-Carneiro em abril de 1916, em Paris, pôs um ponto final na empreitada. A importância dessa publicação só foi reconhecida dez anos depois pela *segunda geração modernista*, nas páginas da revista *Presença*, que teve como colaboradores grandes nomes da literatura portuguesa, como José Régio, Miguel Torga e Vitorino Nemésio.

Vamos ler trechos de algumas das primeiras obras* de Fernando Pessoa e de Mário de Sá-Carneiro, para entrarmos no clima do modernismo português:

Ode triunfal

À dolorosa luz das grandes lâmpadas elétricas da fábrica
Tenho febre e escrevo.
Escrevo rangendo os dentes, fera para a beleza disto.
Para a beleza disto totalmente desconhecida dos antigos.

Ó rodas, ó engrenagens, r-r-r-r-r-r eterno!
Forte espasmo retido dos maquinismos em fúria!
Em fúria fora e dentro de mim,
Por todos os meus nervos dissecados fora,
Por todas as papilas fora de tudo com que eu sinto!
Tenho os lábios secos, ó grandes ruídos modernos,
De vos ouvir demasiadamente de perto,
E arde-me a cabeça de vos querer com um excesso

---

* Primeiras manifestações do modernismo em Portugal publicadas na revista *Orpheu* (fragmentos).

De expressão de todas as minhas sensações,
Com um excesso contemporâneo de vós, ó máquinas!
[...]
Canto, e canto o presente, e também o passado e o futuro,
Porque o presente é todo passado e todo o futuro
E há Platão e Virgílio dentro das máquinas e das luzes elétricas
Só porque houve outrora e foram humanos Virgílio e Platão,

[...]
Horas europeias, produtoras, entaladas
Entre maquinismos e afazeres úteis!
Grandes cidades paradas nos cafés,
Nos cafés – oásis de inutilidades ruidosas
Onde se cristalizam e se precipitam
[...]

Hé-lá as ruas, hé-la as praças, hé-la-hó la foule!
Tudo o que passa, tudo o que para às montras!
Comerciantes; vadios; escrocs exageradamente bem-vestidos;
Membros evidentes de clubes aristocráticos;
Esquálidas figuras dúbias; chefes de família vagamente felizes
E paternais até na corrente de oiro que atravessa o colete
De algibeira a algibeira!
[...]

(Ah, como gostaria de ser o souteneur disto tudo!)

A maravilhosa beleza das corrupções políticas,
Deliciosos escândalos financeiros e diplomáticos,
Agressões políticas nas ruas,
E de vez em quando o cometa dum regicídio

[...]
Como eu vos amo de todas as maneiras,
Com os olhos e com os ouvidos e com o olfato
E com o tato (o que palpar-vos representa para mim!)

[...]
E outra vez a fúria de estar indo ao mesmo tempo dentro de todos os
comboios
De todas as partes do mundo,
De estar dizendo adeus de bordo de todos os navios,
Que a estas horas estão levantando ferro ou afastando-se das docas
Ó ferro, ó aço, ó alumínio, ó chapas de ferro ondulado!
Ó cais, ó portos, ó comboios, ó guindastes, ó rebocadores!
[...]
Que importa tudo isto, mas que importa tudo isto
Ao fúlgido e rubro ruído contemporâneo,
Ao ruído cruel e delicioso da civilização de hoje
Tudo isso apaga tudo, salvo o Momento
[...]
Eia! Sou o calor mecânico e a eletricidade!
[...]
Hup-lá, hup-lá, hup-lá-hô, hup-lá!
Hé-lá! He-hô Ho-o-o-o-o!
Z-z-z-z-z-z-z-z-z-z-z-z-z-z!
Ah não ser eu toda a gente e toda a parte!

Álvaro de Campos, Londres
(Pessoa, 1990, p. 306-311)

Manucure

Na sensação de estar polindo as minhas unhas,
Súbita sensação inexplicável de ternura,
Todo me incluo em Mim – piedosamente.
Entanto eis me sozinho no Café:
De manhã, como sempre, em bocejos amarelos.
De volta, as mesas apenas – ingratas
E duras, esquinadas na sua desgraciosidade
Boçal, quadrangular e livre-pensadora...
Fora: dia de Maio em luz

E sol – dia brutal, provinciano e democrático
Que os meus olhos delicados, refinados, esguios e citadinos
Não podem tolerar – e apenas forçados
Suportam em náuseas. Toda a minha sensibilidade
Se ofende com este dia que há de ter cantores
Entre os amigos com quem ando às vezes –
Trigueiros, naturais, de bigodes fartos –
Que escrevem, mas têm partido político
E assistem a congressos republicanos,
Vão às mulheres, gostam de vinho tinto,

De peros ou de sardinhas fritas...

E eu sempre na sensação de polir as minhas unhas
E de as pintar com um verniz parisiense,
Vou-me mais e mais enternecendo
Até chorar por Mim...

[...]

É lá, no grande Espelho de fantasmas
Que ondula e se entregolfa todo o meu passado,
Se desmorona o meu presente,
E o meu futuro é já poeira...

[...]

Por onde eu sinto a minh'Alma a divagar!...

– Ó beleza futurista das mercadorias!

[...]

Meus olhos ungidos de Novo,
Sim! –meus olhos futuristas, meus olhos cubistas, meus olhos
interseccionistas,
Não param de fremir, de sorver e faiscar
Toda essa Beleza-sem-Suporte.
Desconjuntada, emersa, variável sempre

E livre – em mutações contínuas,
Em insondáveis divergências...

– Quanto à minha chávena banal de porcelana?

[...]

Mário de Sá-Carneiro, Lisboa, maio de 1915
(Sá-Carneiro, 1995, p. 135-144)

A ode publicada de Fernando Pessoa é enorme, com 240 versos. Aqui transcrevemos fragmentos para adentrarmos na poética modernista, para assim visualizarmos, através de uma pequena fresta, opções estéticas.

Esses fragmentos têm caráter de manifestos, com acento predominantemente futurista. Fernando Pessoa idealizou como projeto publicar cinco "odes futuristas", sendo a mencionada uma delas. As outras são: "Ode marcial"; "A partida"; "Saudação a Walt Whitman"; "A passagem das horas" e a outra ode publicada em *Orpheu*, "Ode marítima", todas atribuídas a seu heterônimo, Álvaro de Campos.

Ode é uma composição poética originária da antiga Grécia. Era cantada ou declamada em homenagem a alguém, a alguma instituição ou algum acontecimento. No caso das publicadas em *Orpheu*, são cantos que exaltam a Modernidade, a vida moderna. Se juntarmos o adjetivo *triunfal*, que sugere algo grandioso e inaugural, experimentaremos uma sensação de força e de triunfo da dita civilização, do progresso, das novas técnicas. É um excesso de projeção, de exteriorização.

Podemos ainda entender que Álvaro de Campos foi genial também na elaboração do poema: trata-se de um longo poema, além de grandioso em forma e conteúdo. Ao sugerir a ode à Modernidade, rompe com a tradição – como o manifesto de Marinetti pregava – e rompe com a métrica tradicional – há versos longos e outros curtos, usa onomatopeias, não há rimas. O que primeiramente nos chama a atenção é o tom grandiloquente do poema, da sensação febril, de entusiasmo perante os elementos e símbolos da Modernidade. As sensações exalam pelo poema inteiro, o sujeito poético se coloca como em estado mesmo febril: "tenho febre", "rangendo os dentes", "em fúria", "tenho os lábios secos" etc. As sensações externas ao poeta transgridem a barreira entre interioridade e exterioridade, ou seja, o que acontece fora dele é o mesmo que se passa no interior: "Forte espasmo retido dos maquinismos em fúria!/Em fúria fora e dentro de mim". Em outro poema, "Passagem das horas", o poeta escreve: "Sentir tudo de todas as maneiras" (Pessoa, 1990, p. 344). Aqui ele se identifica com tudo, com as máquinas, com as engrenagens, com a Modernidade.

No segundo verso, "Tenho febre e escrevo", nós nos localizamos em relação ao seu fazer, embora o heterônimo Álvaro de Campos seja engenheiro, e não poeta – isso explica a atração pelas engrenagens modernas. O sujeito poético se coloca como escritor, alguém presente no momento das mudanças externas e que sente tudo, tem febre.

Escrever sobre a própria escrita é chamado de *metalinguagem*. Aqui podemos mencionar o conceito mais específico de *metapoema*: quando o poema se refere ao fazer poético, uma questão para a Modernidade. Assim, podemos ler o poema em dois níveis discursivos, que discorrem paralelamente. O primeiro trata do que habitualmente entendemos por *poema*. No segundo, que transcorre paralelamente ao primeiro, mesclado com ele, há reflexão sobre sua própria natureza. No caso da "Ode triunfal", o sujeito poético, mais do que refletir sobre o poema, traz revelações sobre o fazer poético, a atitude do poeta perante o mundo.

Retomaremos dois problemas fundamentais sobre a poética da Modernidade: questões pertinentes à linguagem e ao sujeito poético, que, em Fernando Pessoa, é um sujeito cindido. Podemos afirmar isso pela intenção central em sua poética, a dos heterônimos, o que aprofundaremos durante este capítulo.

Mallarmé dizia que o único dever do poeta era o de ser "órfico", ou seja, ter consciência de que a mudança da imaginação poética depende da mudança da imagem do mundo. Ter uma "atitude órfica" significa ter uma atitude relativa a Orfeu, personagem da mitologia grega, poeta e músico que, para salvar seu amor Eurídice da morte, teve permissão de descer ao reino de Hades e trazê-la de volta à vida, ao mundo dos vivos, com a condição de não olhar para trás enquanto percorriam aquele caminho tenebroso.

Os poetas que participaram da revista assim a denominaram, numa atitude de não olhar para trás, de esquecer o passado e olhar para o futuro. O poeta glorifica o mundo das máquinas, o futuro, o excesso de luzes e barulho, o excesso de sensações. Hoje o poeta não cantaria esses excessos mas, no começo do século XX, eram novidade os sinais da civilização e da Modernidade.

Aqui chamamos a atenção para duas coisas, a primeira, em relação à Modernidade. O poema foi escrito em Londres – de acordo com a mística dos heterônimos, Álvaro de Campos era engenheiro naval e viajante, ao contrário do poeta Fernando Pessoa, que, depois de seu retorno à terra natal, não mais viajou. Então, a anotação "Álvaro de Campos – Londres" faz parte da ficção criada pelo poeta. Sublinhamos como característica desse período o cosmopolitismo e, no caso português, especificamente pessoano, a heteronímia.

A segunda observação é em relação ao lugar que Portugal ocupava naquele momento histórico: política e economicamente não estava em posição favorável e não contava com tantas fábricas e maquinário, ainda era uma região bastante provinciana e, para os "vanguardistas", uma das preocupações era colocar Portugal novamente na Europa*, participando das novidades poéticas. Então o deslumbramento não era por Lisboa, mas por cidades "verdadeiramente civilizadas".

Essa ode tem influência de Marinetti, já comentado acima, e de Walt Whitman. Canta o triunfo das máquinas, dos motores, da civilização industrial e o sentir tudo de todas as maneiras, que faz referência ao poeta americano.

Em relação ao tempo, o poema exalta o tempo presente – o sujeito poético é permeável a todos os estímulos da civilização industrial. O tempo presente é visto como um amálgama de passado e de futuro: "Canto, e canto o presente, e também o passado e o futuro,/Porque o presente é todo passado e todo o futuro/E há Platão e Virgílio dentro das máquinas e das luzes elétricas/ Só porque houve outrora e foram humanos Virgílio e Platão"

---

* Portugal estava atrasado, tanto em relação à economia quanto em relação a aspectos estéticos, por isso os escritores e intelectuais portugueses se sentiam em defasagem em comparação aos outros europeus, sobretudo os franceses.

(Pessoa, 1990, p. 307). Lembramos novamente o poeta americano Walt Whitman, em *Canto de mim mesmo*. Vale a pena conhecer o poema na íntegra.

Para saber mais

Recomendamos a consulta da obra de Whitman:

Whitman, W. *Canto de mim mesmo*. Lisboa: Assírio & Alvim, 1992.

_____. *Folhas de relva*. São Paulo: Iluminuras, 2006.

Se, por um lado, o texto exalta a civilização industrial, por outro não deixa de criticá-la no papel dos burgueses, na desumanização da sociedade, na hipocrisia e na futilidade: "Esquálidas figuras dúbias; chefes de família vagamente felizes/E paternais até na corrente de oiro que atravessa o colete/De algibeira a algibeira!/ [...] A maravilhosa beleza das corrupções políticas,/Deliciosos escândalos financeiros e diplomáticos,/Agressões políticas nas ruas,/E de vez em quando o cometa dum regicídio". Além das características já mencionadas, comenta de forma irônica o regicídio que aconteceu em Portugal, muito próximo da escrita do poema.

O poeta, na voz de Thomas Crosse*, escreveu em *Prosa íntima e de autoconhecimento* (2007, p. 189):

> *Álvaro de Campos é excelentemente definido como sendo um Walt Whitman com um poeta grego no seu interior. Tem todo o poder de sensação que tinha Whitman. Possui todo o enorme*

---

* *Thomas Crosse* é, também, um dos heterônimos de Fernando Pessoa.

vigor da sensação intelectual, emocional e física que caracteri-zava Whitman, mas [também] a feição exatamente oposta – um poder de construção e de desenvolvimento ordenado de um poema que nenhum poeta desde Milton logrou atingir. A "Ode Triunfal" de Álvaro de Campos, escrita com a ausência de es-trofe e de ritmo regular características de Whitman, apresenta uma construção e um desenvolvimento ordenado que amesqui-nham a perfeição que "Lycidas", por exemplo, pode reivindicar neste aspecto. A "Ode Marítima", que ocupa nada menos de 22 páginas de Orpheu, é um verdadeiro prodígio de organização. Nenhum regimento alemão jamais teve a disciplina interna que sustenta essa composição, a qual, pelo seu aspecto tipográfico, quase se poderia considerar como um exemplar de desleixo futurista. As mesmas considerações se aplicam à magnífica "Saudação a Walt Whitman", publicada no terceiro Orpheu.*

Podemos afirmar que Pessoa inaugurou o que se chamou de sensacionismo. Voltaremos a essa questão.

Sobre "Manucure", Fernando Pessoa se referiu a esse poema como se Mário de Sá-Carneiro tivesse a intenção de fazer uma "blague", uma brincadeira. Parece que justamente a falta de se-riedade contribui para a dimensão futurista do poema. Trata-se de um poema longuíssimo.

---

* As provas do terceiro número de *Orpheu* apenas foram impressas em julho de 1917, mas ainda faltava a colaboração de Álvaro de Campos. Esse número da revista já não saiu em vida de Pessoa.

Sugerimos a leitura do poema na íntegra: há maravilhosas onomatopeias e caracteres diversos que podem dar margem a inúmeros significados. Sá-Carneiro traz exuberantes letras tipográficas em homenagem ao progresso técnico e ocupa o espaço da página de formas inusitadas, assim antecipando aspectos da poesia concreta brasileira.

Para saber mais:

O poema "Manucure" consta na *Obra completa de Mário de Sá-Carneiro*:

SÁ-CARNEIRO, M. de. Manucure. In: _____. Obra completa. Rio de Janeiro: Nova Aguilar, 1995. p. 135-144.

Também é possível acessar o poema neste *link*: <http://alfarrabio.di.uminho.pt/vercial/carneiro.htm>.

O autor francês Guillaume Apollinaire (1880-1918), de *Calligrammes*, anteriormente a Sá-Carneiro, também ousou em relação à distribuição das palavras no espaço do papel. Podemos relacionar esses dois poetas porque, além de uma liberdade no uso do papel, também há um tom de brincadeira, de banalização do poema, de sair de um lugar erudito. Ainda aproximamos "Manucure" de uma pintura porque o texto usa o espaço de forma mais livre do que os poemas tradicionais – só é possível compartilhar essa impressão se olharmos para o poema inteiro, com toda a diversidade de caracteres e sua disposição no papel.

Apesar dessas características, não perde suas propriedades de poema. Podemos até mesmo dividi-lo em partes, sendo a maior parte estruturada em estrofes e versos, mesmo que livres e brancos. O sujeito poético de "Manucure" se mostra sentado em um café, numa atitude aparentemente desinteressada e com um ar *blasé*, entediado, imaginando estar polindo as suas unhas, de manhã e "em bocejos amarelos". Aspectos interiores são relacionados a aspectos exteriores – o poema nos conta do espaço em volta e nos localiza quanto ao momento do dia, ao lugar e como ele se sente.

O terceiro verso nos mostra um conflito, uma duplicidade, ou um espelho, "tudo me incluo em Mim – piedosamente", o que lembra o sujeito poético de "Ode triunfal", que deseja "Ah não ser eu toda a gente e toda a parte!". Além disso, é semelhante a maneira como os sujeitos poéticos se aproximam do que lhes é exterior – transborda simpatia. Enquanto o primeiro usa o adjetivo *piedosamente*, o segundo: "Como eu vos amo a todos, a todos, a todos,/Como eu vos amo de todas as maneiras,..."*.

O exterior, brutal, provinciano e democrático, contrapõe ao sujeito fragmentado, ou ator, porque máscara, representando ele próprio um papel, com "os meus olhos delicados, refinados, esguios e citadinos" e que não toleram esse cenário exterior, iluminado, que tem cantores trigueiros, naturais e que "têm partido político/E assistem a congressos republicanos,/Vão às mulheres,

---

* Há duas questões a serem observadas: a primeira, em relação ao desdobramento do sujeito poético que se radicaliza com os heterônimos de Fernando Pessoa, dos quais trataremos mais adiante, e a segunda em relação aos sentimentos, às sensações, abordagens que Pessoa irá desenvolver em seus poemas, manifestos e outras prosas.

gostam de vinho tinto". Em outras palavras, são pessoas "normais", sem conflitos, identificados com a situação apresentada.

Nos versos "E lá, no grande Espelho de fantasmas/Que ondula e se entregolfa todo o meu passado,/Se desmorona o meu presente,/E o meu futuro é já poeira...", há a figura do espelho, presente nas poéticas do simbolismo. É uma reflexão sobre a própria vida, sobre as memórias e os fantasmas do passado, entrecruzando os tempos passado, presente e um futuro sem esperança.

Há uma pausa, uma linha pontilhada, e o sujeito poético depõe suas limas, ou seja, para de fazer as unhas, sendo que estava polindo as unhas na imaginação, e mostra-se sinestésico, com o ar, com as cores, e entusiasma-se com as sensações. Cita Salomé, personagem bíblica e também personagem-título de uma peça de teatro de Oscar Wilde, e ainda personagem símbolo da *Belle Époque*, para criar o ambiente que lhe interessa: "Meia-nua, agita as mãos pintadas da Salomé/Num grande palco a Ouro!". Por um lado, mostra o luxo da civilização; por outro, na estrofe seguinte, fala em "inflexões de precipício, estridentes, cegantes,/Que vértices brutais a divergir, a ranger,/Se facas de apache se entrecruzam/Altas madrugadas frias..." (Sá-Carneiro, 1995, p. 136). Ao citar as facas de apache, o sujeito poético se refere à brutalidade do provincianismo; é uma crítica ao que não pertence à civilização, portanto provinciano, bárbaro.

O poema retrata a fugacidade de uma locomotiva, descreve sua estrutura, sons e seu ofício no mundo moderno, emociona-se com a Modernidade, com as vanguardas, com o ar, que ondeia tudo, transmite liberdade, fugacidade, velocidade. Ou seja, é o dinamismo no mundo em que o poeta vive: "– Ó beleza futurista das mercadorias!/[...] Meus olhos ungidos de Novo,/ Sim! – meus olhos futuristas, meus olhos cubistas, meus olhos interseccionistas".

Nessa segunda parte, na qual descreve sua viagem de trem em meio ao movimento todo das pessoas, das mercadorias, das malas, há em caracteres diferentes, imitando os colocados nas estações, etiquetas de mercadorias transportadas, como "Frágil!" e a origem e o destino dos caixotes. Com isso, o sujeito poético reforça a impressão de viagem, movimento, barulho, confusão, ao mesmo tempo que dá um tom de blague.

No desfecho, acaba a viagem. Há espelhos que refletem "Tudo quanto oscila pelo Ar". O sujeito poético se mostra incapaz de poder "cantar,/Como ansiara, até ao espasmo e ao Oiro,/Toda essa Beleza inatingível,/Essa Beleza pura!". Ele volta para a realidade e questiona o seu escrever, e mostra-se enlouquecendo. Num ímpeto de liberdade, quebra todos os paradigmas de comportamento: "Rolo de mim por uma escada abaixo.../[...] Decido-me!/Corro então para a rua aos pinotes e aos gritos:" (Sá-Carneiro, 1995, p. 143) – e termina o poema aos gritos, em onomatopeias, cada vez mais altas e fortes.

O sujeito poético se dissolve na linguagem – essa unidade é diluída; também desmantela a sintaxe. O valor expressivo da palavra é desvalorizado; valorizam-se, assim, o significante e o ritmo do poema.

O poema foi publicado no segundo número da revista *Orpheu* e nota-se um tributo a "Ode triunfal", pois retrata o progresso industrial, sobretudo a tipografia. Há muita pontuação e isso marca a influência simbolista e o apelo às sensações. Há liberdade quanto à versificação, às rimas, ao uso da pontuação, do começo ao fim.

Mostra ainda uma ruptura com a tradição. O sujeito poético evidencia um desejo feminino, como depois, em uma carta a Fernando Pessoa, Mário de Sá-Carneiro confirma esse desejo como dele mesmo.

Num panorama conservador, como o de Portugal no começo do século XX, a revista provocou escândalos. Dizia-se que era obra de loucos, – aliás, esta era a opinião até dos jornais mais reputados.

Vamos a seguir nos aprofundar um pouco nos estudos desses dois autores mais emblemáticos do modernismo em Portugal.

O sujeito poético se dissolve na linguagem – essa unidade é diluída; também desmantela a sintaxe. O valor expressivo da palavra é desvalorizado; valorizam-se, assim, o significante e o ritmo do poema.

quatropontotrês
Mário de Sá-Carneiro

O escritor Mário de Sá-Carneiro nasceu em 19 de maio de 1890, na rua da Conceição, n. 92, em Lisboa, filho de família abastada. Sua mãe morreu em 1892, de febre tifoide. Seu pai passou então a viajar muito e deixou Sá-Carneiro com os avós e uma ama na Quinta da Vitória, em Camarate. Em 1911, mudou-se para Coimbra, para cursar Direito, mas logo desistiu. Viajou para Paris em outubro de 1912, para continuar o curso de Direito na Sorbonne, abandonando as aulas antes do final do semestre. Passou a viver a boêmia parisiense, vida de cafés, em convivência com Santa-Rita Pintor.

Sá-Carneiro manteve intensa correspondência com Fernando Pessoa. Durante os anos que viveu em Paris, voltou a Lisboa duas vezes, em fins de 1913 e em princípio de 1915, quando dirigiu, com Pessoa, o segundo número da revista *Orpheu*. Seu pai foi o financiador do projeto e a revista saiu no mês de abril de 1915, provocando grande escândalo no meio cultural português. Em julho foi lançado o segundo número. Nesse mesmo ano, seu pai passou por problemas financeiros e foi morar em Lourenço Marques (hoje Maputo, capital de Moçambique) com sua segunda esposa. Mário de Sá-Carneiro, então, voltou a Paris, sem deixar seu endereço nem para Fernando Pessoa. Acentuaram-se as crises psíquicas e financeiras do poeta que precederam seu suicídio, em 26 de abril de 1916.

Sá-Carneiro foi principalmente poeta e ficcionista e escreveu muitas cartas com valor literário, nas quais discute questões estéticas. Seus principais livros de poemas são *Indícios de oiro*, *Dispersão* e *Últimos poemas*. Depois de sua morte, foram publicados *Poemas dispersos* e *Primeiros poemas*. Em prosa, escreveu os contos de *Princípio* e *Céu em fogo*, a novela *A confissão de Lúcio* e a peça teatral *Amizade*, que escreveu em parceria com o amigo Tomás Cabreira Junior.

Por um lado, Sá-Carneiro foi um grande interlocutor de Fernando Pessoa. Discutiam questões estéticas e as colocações de Sá-Carneiro rompiam com o gosto da época, prenunciando a estética modernista, identificando-se com Pessoa, o representante do modernismo português. Essas discussões podem ser acompanhadas pela correspondência literária que Sá-Carneiro mantinha com seus contemporâneos.

Por outro lado, Mário de Sá-Carneiro era um homem da *Belle Époque* e identificava-se com valores do decadentismo e do simbolismo. Era um cosmopolita, morou em Paris, na época a metrópole por excelência, com todo o luxo e desperdício que marcaram o período. Mário não questiona essa vida, ama Paris, o luxo,a beleza, o ouro. Passagens de sua literatura mostram essa identificação, principalmente na prosa; os ambientes são misteriosos como quer o decadentismo.

4.3.1 Sá-Carneiro simbolista?

Em *A grande sombra*, prosa poética de Sá-Carneiro, a epígrafe é de Gerard de Nerval, precursor do simbolismo. O texto é: *"Le Prince d'Aquitane à la tour abolie"*, do poema *"El Desdichado"*. O príncipe foi despojado de sua torre.

A torre é um emblema para os poetas simbolistas, é o lugar protegido, é um refúgio, é uma fortaleza na qual o poeta se abriga e se isola do mundo cotidiano. Tendo como cenário essa paisagem, Edmundo Wilson escreveu *O castelo de Axel*, um livro de ensaios críticos sobre a literatura imaginativa do período entre 1870 e 1930. Tem como título/referência a personagem Axel, do livro de mesmo nome, de Villiers de L'Isle-Adam, publicado em 1890, uma espécie de longo poema dramático em prosa. O "Conde Axel de Auersburg se isola num velho e isolado castelo, onde se entrega ao estudo da filosofia hermética dos alquimistas"; ele também está sendo preparado, por um adepto da Rosa-Cruz, "para a revelação dos últimos mistérios" (Wilson, 1967, p. 183). "A grande objeção que se pode fazer à escola simbolista, escreve André Gide, é a sua falta de curiosidade acerca da vida. [...] A vida havia se tornado para eles um refúgio, a única via de escape às hediondas realidades; atiravam-se a ela com desesperado fervor" (Wilson, 1967, p. 182).

Voltando ao verso do poema de Gerard de Nerval, citado por Sá-Carneiro na epígrafe de *A grande sombra*, o príncipe está despojado de sua torre e o poeta está relacionado a Orfeu – poeta que entra no oculto e volta ao mundo, ele é o artista que vence a própria morte –, mas é um *desdichado*, ou desaventurado.

A prosa poética de Sá-Carneiro *A Grande Sombra* se passa entre dezembro de 1905 e abril de 1913; percorre, portanto, oito anos. Mas a data final é janeiro-março de 1914; locais: Lisboa e Paris. Em 1914 começa a Primeira Guerra Mundial e ele não a menciona, não trata de problemas políticos, mas de um mundo subjetivo, lírico, existencial e espiritual. Embora a guerra seja o pano de fundo de sua época, ele não se preocupa diretamente com ela, como escreveu Maria Helena Garcez (1989, p. 133):

> *Se Mário de Sá-Carneiro não se preocupa com os conflitos políticos e sociais, se a grande guerra mundial não tem repercussão explícita na sua obra, não é apenas porque adote uma atitude puramente esteticizante, mas porque seu âmbito de preocupações é bem outro: Mário de Sá-Carneiro preocupa-se fundamentalmente com o mistério do ser, com uma realidade*

*cujo fenômeno não é possível atingir contando tão-somente com
o auxílio dos sentidos e da razão, com uma realidade que, para
ele, é inexplicável e que ele percepciona envolta numa 'auréola',
que lhe parece habitada por uma espécie de alma, quer se trate
dos seres animados, quer se trate dos convencionalmente tidos
como inanimados.*

A parte estrutural dessa prosa não é acadêmica, a ação é diluída. Vai relatando lembranças nas quais o mistério permeia suas memórias, pois a narração está em primeira pessoa. O mistério começa a tomar conta e, numa segunda parte, o espaço passa a ser mais e mais gótico, ambiente caro aos decadentes. O relato é onírico, mesmo quando começa a guerra. O artista está enclausurado num mundo próprio. Sua ascendência é a de Baudelaire e a dos simbolistas.

O narrador estabelece diferenças entre o mundo na claridade e na sombra. Deseja escapar da luz, luz simbolizando a razão (positivismo, naturalismo, realismo).

O grande conflito nessa história é entre o racional e o irracional e a imaginação. Inclui a vida num grande mistério, há uma resistência radical à realidade, não consegue ver um sentido na realidade sensível. Mais uma vez nos remete à Axel de Villiers e *Às avessas*, de J.-K. Huysmans, narrativas simbolistas.

*Sim! Desde criança adivinhei que a única forma de volver rutilante
uma vida, e bela, verdadeiramente bela em ameias a marfim e ouro –
seria lograr referi-la ao mistério, incluí-la nele... Mas como, meu Deus,
como?*

Só a minha imaginação vence ainda tremular mistérios – mistérios porém de fumo; quebrantos a vago, lendários. (Sá-Carneiro, 1995, p. 420)

Há aí horror de um mundo real e tem atração por uma outra realidade. Sá-Carneiro emprega com frequência imagens sinestésicas e palavras que lembram o mistério:

> *"Esquisita coisa" – breve comecei notando. "Não bebera decerto nenhum álcool, nenhum narcótico. Os meus sentidos entanto vibravam em confusa dispersão: um esvaecimento acre, mais sutil, muito suave, delicioso em transparência abatida."*
>
> *Caminhei embaralhado até que, de súbito, numa sensação oscilatória, as luzes divergiam em torno dos meus olhos latejantes.* (Sá-Carneiro, 1995, p. 436)

Essas sensações múltiplas lembram Jean des Esseintes, personagem do livro *Às avessas*. Essa dispersão que o narrador sente e comenta, seu caminhar embaralhado, como que alheio, perdido em tantas sensações, é típico do simbolismo.

Em *A grande sombra*, Sá-Carneiro, na parte IX, cria o Mistério, um personagem, e, depois disso, o narrador não quer saber de nada – não lê mais jornais. Nas próximas partes, o narrador vai se lembrar do "triunfo", até encontrar o lorde e, no mundo do mistério, o lorde é o senhor. A escrita do mistério o tragou, é o triunfo. Na última parte não há mais datas, portanto não há mais referência de tempo.

Na obra em prosa de Mário de Sá-Carneiro, o homem está em crise. Tudo já se viu, existe uma imprecisão, há imagens sinestésicas, sempre se abordam o desconhecido, o exótico, o Oriente, há uma ânsia pelo absoluto – condição do artista. O desconhecido pode ser uma parte do próprio enunciador.

Existem, portanto, na obra de Mário de Sá-Carneiro muitos pontos em comum com o simbolismo e com o decadentismo.

4.3.2 A originalidade do modernismo

Sá-Carneiro escreve ao jornal *A Capital*, em 7 de julho de 1915, a respeito de uma carta que Álvaro de Campos havia mandado dizendo que esta "representa apenas um gesto individual e, por forma alguma, uma manifestação coletiva do Orfeu. [...] Mesmo no campo artístico não lhe admitiria uma opinião coletiva" (Sá-Carneiro, 1995, p. 1037). A ideia importante dessa carta, do ponto de vista poético, é a de que a revista *Orpheu* é multiforme por natureza e não pode ter uma opinião única concertada, uma posição coletiva. É como se a unidade e a novidade de *Orpheu*, no entender de Sá-Carneiro, fossem essa mesma pluralidade.

Numa carta escrita para Fernando Pessoa sobre Santa Rita, de 3 de novembro de 1915, Sá-Carneiro (1995, p. 924) escreve: "Santa Rita renunciou à sua revista. Combine isto com o à viva força de querer ser servilmente futurista – e não 'ele-próprio'".

Parece que a grandeza em arte está na autenticidade, e não em seguir escolas. O modernismo, para Pessoa e Sá-Carneiro, estava na libertação de todas cadeias poéticas: é a "doença-do-novo", não suporta senão a originalidade e a singularidade.

A correspondência de Sá-Carneiro é uma forma de se analisarem as questões estéticas que o envolviam. O desdobramento do ser aparece nessas "conversas" com um de seus interlocutores, Fernando Pessoa. Há quem o veja até como precursor dessa questão.

Na carta de 2 de dezembro de 1913, Sá-Carneiro fala de pensamentos diante "dum carroussel do Jardim de Luxemburgo", que é a "miniatura de um ideal". O ideal de viver a imaginação e o sonho é um símbolo que retornará nos poemas "Rodopio" e "Torniquete". O conto "O homem dos sonhos" também é dessa época, e o sonho faz parte da realidade tanto quanto a experiência natural do mundo – essa tradição vem de Nerval, Baudelaire, Lautréamont, Apollinaire, Kafka e depois se cristaliza no surrealismo.

O conto "O homem dos sonhos" é considerado pelo crítico português, Fernando Cabral Martins, uma alegoria da própria criação literária:

> Mas é mais do que isso, pois o sonho envolve um desdobramento entre o sonhador e o protagonista do seu sonho, e pode revelar zonas de estranheza, de enigma, que habitam o sonhador mesmo quando acordado e sob a luz da razão. E, neste sentido, é também uma alegoria do 'eu-quase', do 'eu-labirinto', da cisão do Eu e da proliferação de duplos que hão de caracterizar a poesia e a prosa de Sá-Carneiro – e de Pessoa. (Martins, 1994, p.143)

O que vai distinguir a poesia tradicional da poesia moderna é a dissociação do sujeito, ou a despersonalização. Portanto, não é à toa que o primeiro livro publicado de poemas de Sá-Carneiro chama-se Dispersão. Foi publicado em fins de 1913, junto com a narrativa *A confissão de Lúcio*. Se a narrativa se mostra poética, principalmente quando descreve a orgia do fogo (Sá-Carneiro, 1995, p.364), em *Dispersão*, livro de poemas, há uma lógica que liga os poemas que o aproxima da narrativa. *Dispersão e confissão* são palavras que implicam valorização do sujeito nos textos. Enquanto o primeiro substantivo indica estado de diluição subjetiva – e é o oposto à confissão –, o segundo substantivo indica uma concentração em si mesmo do "eu". São dois movimentos antagônicos: espalhar e juntar; ao mesmo tempo, as palavras rimam – *dispersão e confissão*.

Nas cartas de março, abril e maio de 1913, Sá-Carneiro comenta e pede conselhos literários para os poemas de *Dispersão*. É interessante acompanharmos o processo criativo do poeta. Há muitas cartas para Fernando Pessoa, seu melhor interlocutor principalmente em questões de poética. Em sua *Obra completa* temos acesso a algumas cartas que escreveu (Sá-Carneiro, 1995).

Vamos analisar brevemente esse livro. *Dispersão* tem 12 poemas; o título completo era *Dispersão – 12 poesias*, o que implica uma noção precisa de arquitetura do todo. Na carta a Gilberto Rola Pereira do Nascimento, do dia 11 de maio de 1913, Sá-Carneiro (1995, p. 977) dizia: "Essas poesias têm um elo entre si e descrevem o estado de abatimento orgulhoso de mim próprio – a dispersão de mim próprio. [...] Como vês, é uma maneira inteiramente nova em mim a destes versos, um tanto obscuros".

Cada poema ocupa um lugar único e ganha um sentido maior se lido no lugar que ocupa na série de 12 poesias. É todo e parte, unidade e elemento, é uma paixão pela forma – característica do modernismo, que vem da tradição do simbolismo por meio de Mallarmé.

O primeiro e o último poemas desse livro, que representariam o prefácio e o epílogo, manifestados pelos títulos de "Partida" e "A queda", lembram o livro *Clepsidra*, do simbolista Camilo Pessanha, cujos poemas inicial e final se chamam *Inscrição* e *Poema final*.

Esses 12 poemas têm um caráter programático. Eles enunciam a sua poética, há um caminho: "Dispersão", "Quase", "A queda" – do caráter aéreo de "Partida" até "A queda", em que se entra em contato com a queda: "Tombei.../.............../ E fico só esmagado sobre mim!..." (Sá-Carneiro, 1995, p. 72).

Para contrabalançar a dispersão que dá nome ao livro, há a regularidade formal dos poemas de *Dispersão* e a existência de conexões textuais entre eles. A não ser o poema "Partida", que tem um tom eufórico – menos dois versos –, o tom do livro é cada vez mais sombrio. Mesmo o poema "Rodopio", que também apresenta uma qualidade eufórica, é uma preparação para o fim, joga com contrastes. É o esmagamento final do "eu" sobre "mim" que se lê como metáfora da morte ou do suicídio, por causa do mito que se criou em torno da figura de Sá-Carneiro, confundindo o poema com sua história pessoal. Pode ser lido não como um afundar na depressão, mas uma "queda" no "gelo" metarrepresentativo: o branco da página.

Há uma possibilidade de interpretação desse livro, então, por questões próprias à metalinguagem. Seria a representação da própria genialidade, qualidade da criação, sofrimento do criador.

Em "A vontade de dormir", na primeira estrofe, o sujeito poético é um títere de "ouro", portanto precioso, que é puxado para diferentes direções. A imagem de "fios de ouro" como metáfora da arte ressalta o fio, tênue e sutil, como a própria arte.

Vontade de dormir

Fios d'ouro puxam por mim
A soerguer-me na poeira –
Cada um para o seu fim,
Cada um para o seu norte
[...]

(Sá-Carneiro, 1995, p. 60)

Em Sá-Carneiro há o estado de dispersão e de concentração, muito bem expresso nos títulos dos livros publicados simultaneamente – *Dispersão* e *A confissão de Lúcio*. Além de ser um drama existencial, é o drama de um artista. Esse conflito se percebe, inclusive, pelo aspecto formal e estrutural dos poemas.

O poema "Dispersão" é feito em redondilhas maiores, todo rimado. Tem 23 estrofes e progride: de estrofes com quatro versos, passa para uma estrofe de dois versos, entre reticências, e não rimam com mais nada. A redondilha é quase um labirinto.

Esse poema é central no livro: estrutura, artístico e

> O poema "Rodopio", que também apresenta uma qualidade eufórica, é uma preparação para o fim, joga com contrastes. Pode ser lido não como um afundar na depressão, mas uma "queda" no "gelo" metarrepresentativo: o branco da página.

existencialmente. A estrutura realiza algo de labiríntico porque não segue uma direção única. A repetição de rimas mostra uma estrutura fechada como o labirinto, e sua dispersão no final.

A dispersão de humor e de caminhos – não há um fio condutor, também se está num labirinto – está fechado no próprio eu. Contrapondo esse estado diluído e labiríntico, o poema faz alusão ao mundo exterior em versos entre parênteses: "O Domingo em Paris".

Dispersão

Perdi-me dentro de mim
Porque eu era labirinto,
E hoje, quando me sinto,
É com saudades de mim.

[...]

(O Domingo de Paris
Lembra-me o desaparecido
Que sentia comovido
Os Domingos de Paris:

Porque um domingo é família,
É bem-estar, é singeleza,
E os que olham a beleza
Não têm bem-estar nem família).

[...]

E sinto que a minha morte –
Minha dispersão total –
Existe lá longe, ao norte,
Numa grande capital.

[...]

Desceu-me n'alma o crepúsculo;

Eu fui alguém que passou.
Serei, mas já não me sou;
Não vivo, durmo o crepúsculo.

[...]

Perdi a morte e a vida,
E, louco, não enlouqueço...
A hora foge vivida,
Eu sigo-a, mas permaneço...

....

....

Castelos desmantelados,
Leões alados sem juba...

(Sá-Carneiro, 1995, p. 61-62)

O autor começa o poema pela imagem do labirinto. Num segundo momento, o sujeito poético relata uma cena dominical em Paris: ele está destacado dessa cena, observa ao longe, não está presente nela; percebe-se ausente, alheio a esse cotidiano. Nos dois últimos versos, há o desmantelamento do castelo: "Castelos desmantelados,/Leões alados sem juba...". O sujeito poético confirma seu estado de desencontro, de se sentir deslocado do mundo pragmático.

4.3.3 Conclusão em relação à obra de Sá-Carneiro

O modernismo começa na sequência da "crise da ideia", a imaginação havia sido deixada para trás e reivindicou novamente um espaço nas artes, como vimos nas artes e na literatura do final do século XIX e começo do XX. Sá-Carneiro vive intensamente a *Belle Époque*, deslumbra-se com a beleza, a riqueza, o ouro, o roxo, mas não se completa. Quando começa a guerra, embora não a cite na literatura, ela o aborrece pessoalmente, como se colocasse um basta "nessa harmonia", a qual ele não questionava, mas não o satisfazia inteiramente. Procurava outras esferas, outras possibilidades do "eu" – prenunciando os heterônimos de Fernando Pessoa, a quebra do "eu" e o modernismo.

Há um efeito de resistência à classificação nos textos de Sá-Carneiro. É Sá-Carneiro simbolista ou modernista? Talvez nem um nem outro, mas "a ponte" entre dois movimentos que são contínuos na história do pensamento.

Quanto ao suicídio, aspecto importante na sua biografia, compartilhamos a conclusão de Walter Benjamin, citado por Fernando Cabral Martins (1994, p. 323): *"La modernité doit se tenir sous le signe du suicide. Celui-ci oppose son sceau au bas d'une volonté héroique qui ne cède rien à l'etat d'ésprit antagoniste. Ce suicide n'est pas un renoncement mais une passion héroique."**

A temática da morte e do suicídio se liga ao universo intertextual de que o modernismo se faz. Conclui Martins (1994, p. 327):

> *Parece-me encontrar em Sá-Carneiro, em vez de uma obsessiva preocupação megalômana "consigo", a realização de*

---

* "A modernidade se reconhece sob a linha do suicídio. Assim se opõe sob a base de uma vontade heroica que nada cede ao estado de espírito antagônico. Esse suicídio não é uma renúncia, mas uma paixão heróica" [tradução nossa].

uma tendência fundamental do Modernismo, a teatralidade. Palavra que toma, para Sá-Carneiro, um sentido afim daquele que tem em Pessoa: o pôr em cena dos elementos constitutivos da literatura. [...]. Pessoa inventa com a heteronímia uma poesia-drama-ficção, Sá-Carneiro confere à carta um estatuto lírico e escreve ficção em poema ("Além", "Bailado", "Eu-Próprio o Outro") e poema em drama ("Dispersão").

Sá-Carneiro viveu o conflito representado por sua obra, o conflito entre ser simbolista ou modernista, o conflito de viver num momento de transição profundo – inclusive marcado pela Primeira Guerra Mundial. Finalizaremos com palavras dele:

Quase

Um pouco mais de sol – eu era brasa,
Um pouco mais de azul – eu era além.
Para atingir, faltou-me um golpe de asa...
Se ao menos eu permanecesse aquém...

[...]

Um pouco mais de sol – e fora brasa,
Um pouco mais de azul – e fora além.
Para atingir, faltou-me um golpe de asa...
Se ao menos eu permanecesse aquém...
Sá-Carneiro, Paris, 13 de maio de 1913
(Sá-Carneiro, 1995, p. 65-66)

LITERATURA ESTRANGEIRA EM LÍNGUA PORTUGUESA

quatropontoquatro
Fernando Pessoa

Fernando Pessoa é um poeta incontornável, o maior poeta português do século XX, com uma compreensão integradora da cultura portuguesa e uma visão da modernidade artística diferenciada. Podemos chamá-lo de *criador de mitos*, o que corresponde mediamente à verdade, porque ajudou a sinalizar mitos existentes na cultura portuguesa e não os criou, simplesmente os divulgou com novas roupagens. Podemos analisar mais profundamente essa questão em seu livro *Mensagem*, que, primeiramente, enquanto ainda não fora publicado, teve por título *Portugal*. *Mensagem* foi o único livro que publicou em vida. Participou de um concurso com os poemas desse livro e ficou em segundo lugar, sendo que do vencedor nem mais sabemos seu nome.

Mensagem é um livro polêmico. Para uns, foi considerado nacionalista; para outros, esotérico; para a crítica literária, há uma relação com *Os Lusíadas*, declarada pelo próprio poeta – é uma releitura da epopeia de Camões. Podemos lê-lo nessa vertente ou ler os poemas do livro isoladamente – as duas formas de leitura surtirão efeito. Há versos desse livro que se imortalizaram, como "Tudo vale a pena/Se a alma não é pequena"; "Ó mar salgado, quanto do teu sal/São lágrimas de Portugal!"; "O mito é o nada que é tudo"; "Todo começo é involuntário" (Pessoa, 2014, p. II, 2, 3).

Escreveu muito, mas publicou pouco em vida, e foi um grande inovador em termos estéticos. Vamos abordar um pouco de sua biografia e, depois, passaremos ao grande mote de Pessoa, a heteronímia, e a seus projetos estéticos.

Nascido em Lisboa em 13 de junho de 1888, ficou órfão do pai aos 5 anos. Foi morar na África do Sul em 1896, com sua mãe, irmãos e padrasto. Lá foi educado numa escola inglesa, daí sua facilidade para escrever em português e inglês. Em 1901 voltou a Lisboa com a família de férias e, definitivamente, em 1905, passou a viver com as tias. Matriculou-se no curso de Letras, mas o abandonou. Sempre esteve ligado a atividades artísticas e colaborou com diversas publicações de vanguarda.

Fernando Pessoa dividiu suas obras em duas categorias: ortônimas e heterônimas. Ortônimas são obras que assinou com seu próprio nome, enquanto heterônimas são do "autor fora de sua pessoa", assim diferenciando essa classificação de *pseudônimo*, que "é do autor em sua pessoa, salvo no nome que assina".

Richard Zenith escreveu, na introdução da obra *Poesia do eu* (Pessoa, 2008, p. 11):

> *Numa "Tábua Bibliográfica" publicada em 1928, Pessoa dividiu as suas obras literárias em duas categorias: "ortónimas" e "heterónimas". Rejeitou classificá-las como "autónimas e pseudónimas", visto que a "a obra pseudónima é do autor em sua pessoa, salvo no nome que assina; a heterónimia é do autor fora de sua pessoa". Não explicou a diferença entre a obra "autónima" e a "ortónima", mas podemos deduzir, por analogia, que a primeira seria do autor em sua pessoa, incluindo no nome que assina; a segunda seria do autor fora de sua pessoa, embora utilizando o seu nome real (orto = recto ou, como aqui, verdadeiro). [...]*

A personalidade literária denominada *Pessoa* distinguiu-se do Pessoa em carne e osso pela distância, pelo alheamento, por estar inteiramente desprendida de si. Podemos entender esse desapego – ou alheamento – pelo trecho de uma carta que Pessoa endereçou a Adolfo Casais Monteiro, em 1930: "O que sentimos é somente o que sentimos. O que pensamos é somente o que pensamos. Porém o que, sentido ou pensado, novamente pensamos como outrem – é isso que se transmuta em arte, e, esfriando, atinge a forma" (Pessoa, citado por Zenith, 2008, p. 11). Em outras palavras, num poema do ortônimo:

> **Autopsicografia**
>
> O poeta é um fingidor.
> Finge tão completamente
> Que chega a fingir que é dor
> A dor que deveras sente.
>
> E os que leem o que escreve,
> Na dor lida sentem bem,
> Não as duas que ele teve
> Mas só a que eles não têm.
>
> E assim nas calhas de roda
> Gira, a entreter a razão,
> Esse comboio de corda
> Que se chama o coração.
>
> (Pessoa, 1991, p. 164)

Esse poema é uma arte poética, ou seja, é um poema em que o autor nos diz seu projeto poético. Pessoa desloca e marca esse outro lugar do eu poético, não o confunde com seu sujeito empírico, físico e pessoal. Desloca ainda os sentimentos pessoais do sujeito empírico daqueles sentimentos expressos no poema; e mais, marca a diversidade entre os sentimentos expressos e os sentimentos sentidos pelo leitor. Diferencia os sentimentos do poeta e do sujeito poético, que é outro, além do sujeito empírico.

Todas essas questões marcam com maior ênfase a questão mais ressaltada da Modernidade em relação ao sujeito poético e à fragmentação do sujeito. Na literatura portuguesa, vimos os prenúncios disso em Sá de Miranda, por exemplo. "Comigo me desavim..." mostra uma ruptura entre os sujeitos poético e empírico, ou, ainda, o próprio sujeito poético se coloca dividido, fragmentado, como os modernos tão bem expressaram – por exemplo, nos versos de Arthur Rimbaud, *"Je est un autre"* (Eu é um outro), ou *"Je suis l'autre"* (Eu sou o outro), que Gérard de Nerval escreveu embaixo de um de seus retratos.

A questão da heteronímia atinge novo grau de "outragem" não só para a crítica como para o poeta. "O desdobramento noutras personagens literárias era o sinal exterior evidente de um fenômeno bem profundo, que perpassava o poeta todo", escreveu Zenith (Pessoa, 2008, p. 12).

Continuando a pensar sobre o projeto artístico de Pessoa, ele criou o paulismo, o interseccionismo e o sensacionismo.

O poema que deu nome ao *paulismo* foi nomeado de "Pauis" ou "Impressões do Crepúsculo". De qualquer maneira, a primeira palavra do poema é *pauis*, plural de *paul*, ou seja, terreno alagadiço, pântano. "Pauis de roçarem ânsias pela minh'alma em ouro.../Dobre longínquo de Outros Sinos... Empalidece o louro" (Pessoa, 1998, p. 429). O poema situa-se no cruzamento de correntes opostas: o saudosismo, corrente literária criada por Teixeira de Pascoaes, divulgada na revista *A Águia*, e o simbolismo decadentista. Foi escrito em 29 de março de 1913 e publicado em 1914. Pessoa escreveu em "Modernas correntes na literatura portuguesa": "O paulismo pertence à corrente cuja primeira manifestação nítida foi o simbolismo [...] o paulismo é um enorme progresso sobre todo o simbolismo e o neo-simbolismo de lá-fora" (Pessoa, 2008, p. 57). Do paulismo derivou outra corrente, o interseccionismo, cuja maior expressão são os seis poemas de "Chuva oblíqua", os mais admiráveis e originais da língua portuguesa até então.

As intersecções são possíveis paisagens que convivem imaginariamente e que se interseccionam, é uma metáfora do interior do poeta. Há uma influência do cubismo e está vinculada a um clima de saudades. É uma depuração do paulismo e do saudosismo. O poeta pretende exprimir a complexidade e a intersecção das sensações, a interpenetração e sobreposição dos planos dos objetos. Expressa vários níveis simultâneos de realidade: a interior e a exterior, a objetiva e a subjetiva, o sonho e a realidade, o presente e o passado, o eu e o outro. É uma continuidade na mesma direção dos projetos literários de Pessoa e de outros artistas da cena portuguesa e europeia. Aparece a relação com a fragmentação do sujeito, que se projeta não como "eu", mas como "eu fragmentado".

Chuva oblíqua

Atravessa esta paisagem o meu sonho dum porto infinito
E a cor das flores é transparente de as velas de grandes navios
Que largam do cais arrastando nas águas por sombra
Os vultos ao sol daquelas árvores antigas...

O porto que sonho é sombrio e pálido
E esta paisagem é cheia de sol deste lado...
Mas no meu espírito o sol deste dia é porto sombrio
E os navios que saem do porto são estes árvores ao sol...

Liberto em duplo, abandonei-me da paisagem abaixo...
O vulto do cais é a estrada nítida e calma
Que se levanta e se ergue como um muro,
E os navios passam por dentro dos troncos das árvores
Com uma horizontalidade vertical,
E deixam cair amarras nas águas pelas folhas uma a uma dentro...

Não sei quem me sonho...
Súbito toda a água do mar do porto é transparente
E vejo no fundo, como uma estampa enorme que lá estivesse desdobrada,
Esta paisagem toda, renque de árvores, estrada a arder em aquele porto,
E a sombra duma nau mais antiga que o porto que passa
Entre o meu sonho do porto e o meu ver esta paisagem
E chega ao pé de mim, e entra por mim dentro,
E passa para o outro lado da minha alma...

II

Ilumina-se a igreja por dentro da chuva deste dia,
E cada vela que se acende é mais chuva a bater na vidraça...

Alegra-me ouvir a chuva porque ela é o templo estar aceso,

E as vidraças da igreja vistas de fora são o som da chuva ouvido por
dentro...

O esplendor do altar-mor é o eu não poder quase ver os montes
Através da chuva que é ouro tão solene na toalha do altar...

Soa o canto do coro, latino e vento a sacudir-me a vidraça
E sente-se chiar a água no facto de haver coro...

A missa é um automóvel que passa
Através dos fiéis que se ajoelham em hoje ser um dia triste...
Súbito vento sacode em esplendor maior
A festa da catedral e o ruído da chuva absorve tudo
Até só se ouvir a voz do padre água perder-se ao longe
Com o som de rodas de automóvel...

E apagam-se as luzes da igreja
Na chuva que cessa...

(Pessoa, 2006, p. 66-67)

É importante ler o poema inteiro, há versões para consultar na internet. Podemos ler cada parte como um poema na íntegra e também ler as seis partes como um só poema.

Vamos analisar essas duas partes e delimitar suas linhas principais. Lembremos que Pessoa nomeou o movimento de *interseccionismo*, ou seja, derivado da palavra *intersecção*, que contém infinitas possibilidades de compreensão. Por exemplo, podemos inserir nos significados a ideia de movimento, na qual planos se interpõem, de forma oblíqua, sublinhada pelo adjetivo que o poeta usou para qualificar a chuva em seu poema-manifesto. Para reforçar a imagem de movimento e de interposição, a primeira palavra do poema é o verbo *atravessa*. Verbo, por si, já conota movimento, o que é confirmado pelo significado da palavra. Outra palavra que supõe intersecção é o adjetivo *transparente*, transpassado pela imagem da água que reflete as árvores, intercalada por sombras e sol no porto imaginário e nas árvores reais.

Temos duas realidades que se interpenetram: "o meu sonho dum porto infinito" e "os vultos ao sol daquelas árvores antigas"; "o porto que sonho é sombrio e pálido" e "esta paisagem é cheia de sol deste lado". Ou seja, a imagem que corresponde ao sonho – porto infinito, portanto sem fim, sem limites porque sonho – é sombria e pálida contrastando com a realidade empírica – árvores antigas, que permanecem e superam o tempo dos homens, presenciaram acontecimentos diversificados da história – cheia de sol. O poeta frisa "deste lado", como se deslocasse dois lados, o do sonho e o da realidade; um sombrio e o outro ensolarado. Nós, leitores, interpomos os dois aspectos e, num primeiro olhar, vislumbramos o poeta perante um porto em um dia ensolarado, mas nos lembramos de que o porto está no sonho e o poeta deve estar escrevendo em seu quarto; e as árvores antigas, onde estão?

Outra secção que inserimos é a questão da horizontalidade e da verticalidade que se expõe na maravilhosa construção *horizontalidade vertical*, um paradoxo, reforçado pela imagem dos navios, horizontais, e os troncos das árvores, verticais, surge uma pintura com traços cubistas. As folhas, no último verso da terceira estrofe, reforçam a imagem da árvore se contrapondo às folhas do papel. A escrita comparece, além da participação do sujeito poético.

E vem a pergunta modernista, a que mostra o sujeito fraccionado – ou, se preferirem, interseccionado: "Não sei quem me sonho...". As reticências dão o tom intimista e sensacionista. Já não sabe o que é sonho ou o que é realidade, o que é o tempo real e o que é história, a pessoal e a geográfica – no caso, Portugal.

Os tempos se intercalam e as histórias pessoal e social também, principalmente no verso "E a sombra duma nau mais antiga que o porto que passa". Inserimos a história das navegações, fundamental para a história portuguesa pela palavra *nau*, utilizada principalmente ao se referir às caravelas, e o adjetivo superlativo *mais antiga*. "Que o porto que passa", essa oração adjetiva conota a distância no tempo, o porto é mais recente que a nau, portanto a nau é mais antiga que o sujeito poético. O porto faz parte do sonho e ele nasceu bem posterior ao tempo das navegações e ainda, provavelmente, não existia aquele porto imaginário naquele tempo.

A palavra *transparente* aparece novamente, relacionada à água que faz o papel de refletir e de transpor imagens para o fundo. Duas palavras nessa estrofe são marcantes, além de *transparente: fundo* e *desdobrada*. Embora transpassada por várias imagens e por tempos diferentes, o sujeito poético vê "como uma estampa enorme estivesse desdobrada", sem dobras – portanto, com mais nitidez.

No final da estrofe, o sujeito desdobrado, antes cindido entre o sonho e a realidade; entre a paisagem e o porto, os dois lados: "entre por mim dentro,/e passa para o outro lado da minha alma...". As reticências nos trazem a sensação do sujeito poético que coloca-se como tendo dois estados que se interceptam: dobram-se e desdobram-se, o dentro e o fora, o interior e o exterior, um lado da alma e o outro.

A segunda parte do poema tem outras imagens, outros planos múltiplos que se desdobram noutros planos. A água comparece aqui em estado de chuva, o que prejudica a nitidez, mas não é opaca, vemos através dela. Há o dentro e o fora; por um lado a igreja, por outro a rua. O movimento se dá pelo vento, pelo automóvel e pelo verbo *passar*. Enquanto acontece a missa, ao mesmo tempo chove e um carro passa. A missa acaba, as luzes se apagam, a chuva cessa e o carro passa.

Os sons são da chuva: primeiro, a bater na vidraça, depois ouvido por dentro; sons do canto do coro, do chiar da água – confundindo os dois sons, do coro e da chuva; da festa da catedral junto com o ruído da chuva e da voz do padre misturada ao som das rodas de automóvel.

Há um impedimento de poder ver o outro lado, ou ver os montes, e o impedimento é o esplendor do altar-mor, assim como na primeira parte: "o vulto do cais é a estrada nítida e calma/Que se levanta e se ergue como um muro". O adjetivo *nítido* é comum na poética de Pessoa, principalmente nos poemas de Alberto Caeiro, um de seus heterônimos.

A metade da segunda parte é o verso mais significativo desse poema: "A missa é um automóvel que passa". O trecho marca a passagem das coisas, real e temporal, no espaço – o automóvel que passa – e temporal – a duração da missa ou da chuva. Outro aspecto importante no poema é o visual: a iluminação da igreja, as velas que são acesas e a visão – ou falta de visão – do sujeito poético.

Portanto, nas duas partes desse longo poema, há imagens e sons sobrepostos, que se desdobram e confundem, o dentro e

LITERATURA ESTRANGEIRA EM LÍNGUA PORTUGUESA

o fora, o sonho e o suposto real, a missa, que traz uma interioridade, e a rua, onde passa o automóvel, o ver, o escutar e o sentir, presentes na pontuação. Tudo isso mostra uma liberdade na construção dos versos; não há rimas, as estrofes são de tamanhos diferentes, ao mesmo tempo a forma se mostra concentrada, bem trabalhada, correspondendo exatamente ao significado e ao conteúdo do poema.

Mais tarde surge o sensacionismo, projeto que faz a apologia da sensação como única realidade da vida cotidiana que Fernando Pessoa considera cosmopolita e universalista, que corresponde a uma arte sem regras. O poeta inspirador desse movimento literário foi Walt Whitman. O sensacionismo apareceu em 1914, o mesmo ano em que surgiram três heterônimos: Ricardo Reis, Alberto Caeiro e Álvaro de Campos. Nesse ano ainda começou a amizade entre Fernando Pessoa e Mário de Sá-Carneiro.

Pessoa expôs que há três princípios da arte: o primeiro é que as sensações devem ser plenamente expressas; o segundo, o da sugestão, ou seja, a expressão das sensações deve evocar o maior número possível de outras sensações; e o terceiro, o da construção – em outras palavras, a obra produzida, deve se parecer a um ser organizado, a uma obra orgânica. Fernando Pessoa escreveu em *Prosa íntima e de autoconhecimento* (2007c, p. 198):

> *Sentir é criar. Mas o que é sentir?*
>
> *Sentir é pensar sem ideias, e por isso sentir é compreender, visto que o Universo não tem ideias.*
>
> *Ter opiniões é não sentir.*
>
> *Todas as nossas opiniões São dos outros.*

Pensar é querer transmitir aos outros aquilo que se julga que se sente. Só o que se pensa é que se pode comunicar aos outros. O que se sente não se pode comunicar. Só se pode comunicar o valor do que se sente. Só se pode fazer sentir o que se sente. Não que o leitor sinta a mesma coisa. Basta que sinta da mesma maneira.

O sentimento abre as portas da prisão em que o pensamento fecha a alma.

A lucidez só deve chegar ao limiar da alma. Nas próprias antecâmaras do sentimento é proibido ser explícito.

Sentir é compreender. Pensar é errar. Compreender o que outra pessoa pensa é discordar dela. Compreender o que outra pessoa sente é ser ela. Ser outra pessoa é de uma grande utilidade metafísica. Deus é toda a gente.

Ver, ouvir, cheirar, gostar, palpar – são os únicos mandamentos da lei de Deus. Os sentidos são divinos porque são a nossa relação com o Universo, e a nossa relação com o Universo é Deus.

Embora pareça estranho, é possível ouvir com os olhos, ver com os ouvidos, ver e ouvir e palpar aromas, saber o gosto a cores e a sons, ouvir sabores, e assim indefinidamente. O caso é cultivar. [...]

Esse texto representa a teoria desenvolvida por Pessoa, nomeada de *sensacionismo*, na qual as sensações e os sentimentos têm papéis destacados, fundamentais, de captação das vivências e compreensão do mundo. Impossível pensar sobre Fernando Pessoa sem considerar a da heteronímia. Abordaremos de forma sucinta essa questão e, para complementá-la, sugeriremos mais leituras da obra de Pessoa – inclusive do *Livro do desassossego*, em prosa, do heterônimo Bernardo Soares.

Nomes fictícios entre os autores é um procedimento antigo. Escrever sob um nome falso é um artifício literário, mas, no caso de Pessoa, a heteronímia é mais profunda. Desde a infância o poeta inventava autores para seus escritos, sem deixar de ser um artifício, pois o poeta "era desde sempre um fingidor", nas palavras de Zenith (Pessoa, 2007c, p. 139). O estudo desse crítico, que muito contribui para a publicação do material essencial sobre Fernando Pessoa, analisa de forma "essencial" – se quisermos usar seu próprio termo – o fenômeno de que estamos tratando.

O trio de heterônimos propriamente ditos – Caeiro, Reis e Campos –, por mais diferentes de si que o seu inventor quisesse e conseguisse que fossem, continuavam a ser Pessoa – e até com mais necessidade e urgência, pois "realizavam" impulsos ou desejos que o homem Fernando Pessoa não pôde ou não quis realizar. Ou melhor, não os quis suficientemente para abdicar de outras coisas. Ninguém consegue, numa vida de carne e osso, ter o vício da análise implacável e a paixão pela metafísica – tão característicos de Pessoa "ele-mesmo" –, juntamente com a singela visão caeiriana das coisas tal como são, nem os campos sossegados do suposto guardador de rebanhos ao mesmo tempo que as máquinas ruidosas de Álvaro de Campos, ou o permanente não conformismo deste último em simultâneo com a resignação ao destino de Ricardo Reis. A heteronímia era, em termos práticos, um modo de viver todas as vontades que competem e lutam dentro de um ser humano – um ser que, na verdade, nunca é só um. [...] Estendendo a profícua noção formulada por Eduardo Lourenço, de que a grande novidade de Pessoa seria a criação de uma "literatura-outra", podemos ver os heterónimos como "personagens-outras", algo mais do que escritores fictícios, algo que transcende o seu papel literário e psicológico. Se nesta ideia houver um pouco de verdade, é lícito afirmar que o universo heterónimo constitui, por si só, um acto poético sem precedentes. [...] A heteronímia também foi, portanto, entre outras coisas, um artifício literário absolutamente brilhante. (Zenith, em Pessoa, 2007c, p. 139-141)

Pessoa se manifestou longamente sobre a heteronímia. Ele disse que, como os autores dramáticos criam personagens com sentimentos e ideias diferentes dele mesmo, no caso da heteronímia acontece o mesmo:

A cada personalidade mais demorada, que o autor destes livros conseguiu viver dentro de si, ele deu uma índole expressiva, e fez dessa personalidade um autor, com um livro, ou livros, com as ideias, as emoções, e a arte dos quais, ele, o autor real (ou porventura aparente, porque não sabemos o que seja a realidade), nada tem, salvo o ter sido, no escrevê-las, o médium de figuras que ele próprio criou. (Pessoa, 2007c, p. 143).

Como escreveu Zenith (Pessoa, 2070b), a heteronímia é um artifício literário brilhante. Fernando Pessoa se transformou em mito, como fazia parte de seu projeto literário. O mais interessante é que o trio de heterônimos – Alberto Caeiro, Álvaro de Campos e Ricardo Reis – e o ortônimo (poemas assinados por Fernando Pessoa – ele mesmo) têm poéticas diversas, que se contradizem. Cada um deles tem uma história particular, uma espécie de drama, no sentido da dramaturgia.

A obra pseudônima é do autor em pessoa, apenas ele assina com outro nome. A obra heterônima é do autor fora de sua pessoa, é de uma individualidade completa fabricada por ele, cada um com olhar próprio para questões existenciais. Assim, Alberto Caeiro, Ricardo Reis, Álvaro de Campos são três nomes de gente, cada um uma espécie de drama; e todos eles juntos formam outro drama.

Fernando Pessoa explica a origem dos heterônimos numa célebre carta a Adolfo Casais Monteiro, datada de 13 de janeiro de 1935.

> *E contudo – penso-o com tristeza – pus no Caeiro todo o meu poder de despersonalização dramática, pus em Ricardo Reis toda a minha disciplina mental, vestida da música que lhe é própria, pus em Álvaro de Campos toda a emoção que não dou nem a mim nem à vida. Pensar, meu querido Casais Monteiro, que todos estes têm que ser, na prática da publicação, preteridos pelo Fernando Pessoa, impuro e simples! Aí por 1912, salvo erro (que nunca pode ser grande), veio-me à ideia escrever uns poemas de índole pagã. Esbocei umas coisas em verso irregular (não no estilo Álvaro de Campos, mas num estilo de meia regularidade), e abandonei o caso. Esboçara-se-me, contudo, numa penumbra mal urdida, um vago retrato da pessoa que estava a fazer aquilo. (Tinha nascido, sem que eu soubesse, o Ricardo Reis). [...] Ano e meio, ou dois anos depois, lembrei-me um dia de fazer uma partida ao Sá-Carneiro – de inventar um poeta bucólico, de espécie complicada, e apresentar-lho, já me não lembro como, em qualquer espécie de realidade. Levei uns dias a elaborar*

o poeta mas nada consegui. Num dia em que finalmente desistira — foi em 8 de Março de 1914 — acerquei-me de uma cómoda alta, e, tomando um papel, comecei a escrever, de pé, como escrevo sempre que posso. E escrevi trinta e tantos poemas a fio, numa espécie de êxtase cuja natureza não conseguirei definir. Foi o dia triunfal da minha vida, e nunca poderei ter outro assim. Abri com um título, O Guardador de Rebanhos. E o que se seguiu foi o aparecimento de alguém em mim, a quem dei desde logo o nome de Alberto Caeiro. Desculpe-me o absurdo da frase: aparecera em mim o meu mestre. Foi essa a sensação imediata que tive. E tanto assim que, escritos que foram esses trinta e tantos poemas, imediatamente peguei noutro papel e escrevi, a fio, também, os seis poemas que constituem a Chuva Oblíqua, de Fernando Pessoa. Imediatamente e totalmente... Foi o regresso de Fernando Pessoa Alberto Caeiro a Fernando Pessoa ele só. Ou, melhor, foi a reacção de Fernando Pessoa contra a sua inexistência como Alberto Caeiro. Aparecido Alberto Caeiro, tratei logo de lhe descobrir — instintiva e subconscientemente — uns discípulos. Arranquei do seu falso paganismo o Ricardo Reis latente, descobri-lhe o nome, e ajustei-o a si mesmo, porque nessa altura já o via. E, de repente, e em derivação oposta à de Ricardo Reis, surgiu-me impetuosamente um novo indivíduo. Num jacto, e à máquina de escrever, sem interrupção nem emenda, surgiu a Ode Triunfal de Álvaro de Campos — a Ode com esse nome e o homem com o nome que tem. (Pessoa, 1935)

É necessário pensar não a questão da heteronímia, mas as questões que esse fenômeno nos propõe. Tão abrangentes quanto os numerosos "outros eus" criados por Pessoa são os problemas relativos à gênese do processo.

O olhar iconoclasta que a crítica e os leitores manifestam à obra de Pessoa, mesmo que posteriormente, revela-nos uma nova maneira de ver o mundo, que a Modernidade apresenta: um mundo fragmentado e virtual. A literatura portuguesa, depois da obra de Fernando Pessoa, adquiriu novas perspectivas, ampliando seu alcance, tanto que o século XX ficou conhecido como o "século de ouro da poesia portuguesa".

quatropontocinco
Panorama da literatura portuguesa da segunda metade do século XX

Além da influência dos poetas de *Orpheu*, nos anos 1920 surgiu a revista *Presença*, idealizada por José Régio, que, no primeiro número, publicou o texto "Literatura viva", em que expôs as ideias básicas sobre literatura que orientavam a atividade presencista: "Em Arte, é vivo tudo o que é original. É original tudo o que provém da parte mais virgem, mais verdadeira e mais íntima duma personalidade artística" (Régio, 1927).

Os principais colaboradores da revista *Presença* foram o próprio José Régio, Adolfo Casais Monteiro e João Gaspar Simões.

Eles apresentaram ao público português autores europeus influentes, como Marcel Proust, Paul Valéry, Guillaume Apollinaire, André Gide e Luigi Pirandello. *Presença* estendeu-se até 1940.

Para os autores fundadores da *Presença*, a arte tem de ser vista no interior da individualidade do artista, está relacionada à subjetividade, à sinceridade sobre a linguagem, ao psicologismo, à autenticidade e à interioridade. Eram contra o academismo e o jornalismo rotineiros, queriam uma crítica livre. Escrever é igual a viver, e o estilo é o homem. Os autores da *Presença* são, de alguma forma, contrários à geração *Orpheu*, que privilegiava questões estetizantes em detrimento do pessoalismo desenvolvido pelos presencistas. Há uma reconciliação da poesia com a experiência humana (Steinberg, 2006).

Régio dizia que "a linguagem é um mal necessário", porque é impossível produzir literatura sem ela. O autor lamenta e sua concepção de poesia está cindida em conteúdo e forma, com particular relevo para o primeiro desses elementos (Steinberg, 2011).

Outro movimento literário importante dos anos 1940 foi o neorrealismo. Em 1939 foi lançado o romance *Gaibéus*, de Alves Redol – livro que é considerado o marco da introdução do neorrealismo em Portugal, embora o debate entre o grupo da revista *Presença* e outros grupos literários já viesse ocorrendo. Alves Redol sublinha o momento em que, para a literatura portuguesa, Era mais urgente combater o fascismo – implantado em Portugal pelo golpe de Estado de 28 de maio de 1926 – do que defender a "obra de arte". Diziam que o neorrealismo não é uma escola, é o novo estado da arte que corresponde ao advento de uma nova consciência, de uma nova cultura, de uma nova vida (Steinberg, 2006).

Em 1921 é criada a *Seara Nova*, uma revista de doutrina e crítica que durou até 1979. Seus autores pretendiam "criar uma opinião pública nacional que exija e apoie as reformas necessárias; defender os interesses supremos da nação opondo-se ao espírito de rapina das oligarquias dominantes e ao egoísmo dos grupos, classes e partidos [...]" (Ribeiro et al., 1921, p.1). Exerceram oposição à ditadura de Salazar. Os primeiros diretores foram Aquilino Ribeiro, Jaime Cortesão, Raul Brandão, António Sérgio e Rodrigues Lapa. Portugal teve a ditadura nacional entre 1926 até 1933 e, depois, a instituição do Estado Novo, que durou até 1974, quando foi derrubada pela Revolução dos Cravos em 25 de abril de 1974.

O neorrealismo se preocupou em discutir o papel social da arte, em imprimir um conteúdo ideológico e de conscientização política, ligados ao materialismo dialético. No entanto, em virtude das circunstâncias políticas da época – dado que em Portugal vigorava um regime conservador e repressivo, desde 1926 –, houve a preocupação em disfarçar os pressupostos ideológicos para evitar a intervenção da censura.

Para essa engajada poética, tanto os modernistas da revista *Orpheu*, como os da *Presença* tinham uma postura alienada diante de um Portugal sob o fascismo. Por outro lado, à concepção neorrealista falta um olhar para a autonomia da arte e da escrita, um saber que o lugar da literatura é a ocupação de um espaço de diferença.

A escola do neorrealismo conquistou uma certa hegemonia. A literatura deixou de ser subjetiva e passou a ser objetiva, ou seja, enquanto os presencistas tinham um olhar para o interior, os neorrealistas olhavam para o exterior e denunciavam as injustiças sociais, sob influência do materialismo dialético. Portanto, em Portugal, há grandes diferenças entre o realismo do século XIX e o neorrealismo. Enquanto os primeiros se apoiavam nas teorias sociais de Proudhon, os segundos se apoiavam em Marx – uma grande diferença em relação à visão do homem perante a realidade e aos aspectos sociais envolvidos nela. Podemos afirmar que o homem do realismo, comparado ao homem do neorrealismo, mostra uma ingenuidade diante das injustiças sociais.

Proudhon defendia que cada homem devia, no seu espírito, ter a consciência da injustiça. Segundo ele, só dessa consciência objetiva se passa à justiça, desta à verdade e, finalmente, à igualdade, uma igualdade utópica que levaria à justiça. A geração de 1870, dos realistas, é sensível às injustiças sociais, porque condena o que há de errado na sociedade, é antimarxista e anticomunista; revela um certo humanismo cristão, defende o capitalismo, elimina o perigoso dualismo burguês-proletário tentando promover o trabalho rural. O socialismo de Antero de Quental, Eça de Queirós e Oliveira Martins é um protesto, não um movimento com raízes no povo, escreveu Medeiros em sua dissertação de mestrado *O neorrealismo português e o romance de 30 do Nordeste* (1997).

O romance de 1930 brasileiro foi um modelo para os escritores neorrealistas. Traziam uma nova maneira de apreender a realidade humana, social e política, problematizando-a. Os romances brasileiros com essa vertente denunciavam a precária existência do homem sertanejo; assim, a relação homem/terra não é harmônica, é de luta. O tema era a seca, a adversidade do clima e do solo, com um caráter de denúncia social, de protesto e luta contra as injustiças. Elevaram o estritamente regional ao plano universal. Criaram uma literatura social neorrealista, que se afirma nacionalmente e que não apenas registrou a crise do capitalismo, como adotou um caráter antifascista. Houve uma aproximação da literatura com a sociologia. "Os romancistas colocaram o homem e as relações humanas em foco e instauraram um questionamento social" (Medeiros, 1997, p. 18). Em relação à linguagem, aproximaram a linguagem literária à fala brasileira.

A partir de uma complexidade social brasileira, os romancistas de 1930 revelaram a decadência da civilização rural do Nordeste, da economia da cana-de-açúcar e do cacau. Autores como José Lins do Rego, Graciliano Ramos, Rachel de Queirós e Jorge Amado foram os representantes dessa literatura. Em Portugal, os neorrealistas veem na aliança com o proletariado o único meio de conseguir uma sociedade sem classes. A personagem neorrealista é coletiva, é um grupo que vive em condições econômicas, morais e sociais adversas; por exemplo, ceifeiras, pescadores e operários das fábricas são personagens que se debatem nesses romances contra o fatalismo do meio geográfico ou das forças sociais que as esmagam.

Enquanto o romance de 1930 brasileiro é essencialmente um romance de caráter sociológico, no qual se ressalta uma grande preocupação de criação estética, o neorrealismo português é fundamentalmente um romance de crítica social, em que impera sobretudo um espírito de recusa pelo sistema político e social vigente. Ambos pretendem transmitir valores humanos, sociais e econômicos por meio de suas obras literárias. Percebemos, assim, que os neorrealistas tinham uma poética engajada, com valores sobretudo sociais e, dessa maneira, insurgiam-se contra os presencistas e os primeiros modernistas, da revista *Orpheu*.

Além dessas matizes poéticas, houve poetas e escritores que se manifestaram em outras revistas, que discutiam outras questões – por exemplo, a missão do poeta, principalmente, em tempos difíceis; a questão da autonomia do discurso poético; e alguns tinham um olhar para o movimento surrealista. Havia uma tendência renovadora que reagia à influência de presencistas e neorrealistas, propondo outras poéticas e outras possibilidades estéticas (Steinberg, 2006).

No poema "Poesia de inverno I", de Sophia de Mello Breyner Andresen (1991, p. 85), os primeiros versos são: "Poesia de inverno: poesia do tempo sem deuses/Escolha/Cuidadosa entre restos". Trouxemos esses versos para ilustrar o aspecto apontado anteriormente: o problema de escrever poesia em tempos difíceis, ou a missão do poeta nesses tempos sem deuses.

Em relação à questão sobre a autonomia da palavra poética, poderemos citar versos de um poema posterior a esse, publicado em *Poesia 61*, de Fiama Hasse Pais Brandão (2006, p. 15): "Ave significa ave/se/a sílaba é uma pedra álgida sobre o equilíbrio dos olhos/...".

Em 1937 apareceu a *Revista de Portugal*, dirigida por Vitorino Nemésio, que durou até 1940. Também surgiram as revistas *Cadernos de Poesia* (1940-1942), *Távola Redonda* (1950-1954),

Árvore (1951-1953), *Graal* (1956-1957), *Cadernos do Meio-Dia* (1958-1960) e outras, que proclamavam a independência para a literatura e se propunham ser um ponto de encontro de várias tendências e gerações literárias. Publicavam textos de autores presencistas, saudosistas, neorrealistas, sendo o único compromisso o com a própria literatura (Steinberg, 2006). Por exemplo, a revista *Cadernos de Poesia* se situava à margem da oposição radical entre neorrealistas e presencistas, instaurando um espaço de isenção.

Embora os colaboradores dos *Cadernos de Poesia* não tenham formado, convencionalmente, um grupo literário, eles manifestavam pontos de convergência no que concerne ao conceito de poesia e à missão do poeta. Reforçavam a importância da qualidade poética e a autonomia dos valores literários, contra a submissão da arte a ideologias políticas ou filosóficas. Ao mesmo tempo, estavam atentos à dimensão social do homem e aos problemas de sua época (Steinberg, 2006).

Afirmavam, na abertura da segunda série dos *Cadernos*, que a poesia só existe como relação entre o poeta e o mundo em que vive. Nessa linha, inscreve-se Sophia de Mello Breyner Andresen, para quem o poema é "uma realidade vivida" que se integra "no tempo vivido" e, referindo-se à relação do poeta com o real, ressalta em "Arte poética III": "Aquele que vê o espantoso esplendor do mundo é logicamente levado a ver o espantoso sofrimento do mundo" (Andresen, 1995, p. 7).

Por outro lado, os colaboradores dos *Cadernos de Poesia* abrem espaço à dimensão transcendente do homem, de acordo com as tendências implantadas na cultura europeia pela obra de poetas como Hölderlin, Rainer Maria Rilke e T. S. Eliot. Houve também uma intensa tradução da poesia inglesa, provocando alargamento cultural do meio literário português (Steinberg, 2006, p. 15-16). Valorizaram a linguagem poética e revitalizaram a tradição lírica nacional.

Steinberg (2011, p. 22)escreveu que: "Na passagem dos anos 1930 para os 1940, apareceram em 1940, *Eu, comovido a Oeste*, de Vitorino Nemésio e *Nós não somos deste mundo*, de Ruy Cinatti; começa, assim, a desenhar-se uma tendência na qual se afirma o recurso à linguagem simbólica, à metáfora e à imagem".

Na poesia dos anos 1950 repercutiu a libertação que o surrealismo significou em Portugal. Surgiram autores como Alexandre O'Neill, Herberto Hélder e Mário Cesariny, com fortes tendências surrealistas. Por outro lado, havia outras publicações, como *Árvore*, dirigida por António Ramos Rosa. O poeta teve um papel de divulgador e militante na defesa de uma nova poesia e da poesia moderna de vanguarda, preocupadas com uma visão social da literatura, como Lorca, Vicente Alexandre, Éluard, René Char e Henri Michaux. Nesse momento, começa a se formar uma crítica inteligente sobre livros publicados em Portugal, ensaios que analisavam a obra em sua especificidade, sem qualquer dado anedótico sobre os textos ou a vida dos autores (Steinberg, 2006). Cinco jovens poetas publicam um conjunto de poemas em que cada um contribuiu com uma plaquete*. Denominaram-na

---

* *Plaquete*: tem origem no francês *plaquette*, um pequeno livro de poemas, ou seja, com poucos poemas, ou com um poema mais longo.

Poesia 61 e, embora não tivessem um programa poético, tinham um olhar comum para a literatura comum. Podemos analisar alguns pontos. Por exemplo, pensavam comumente que

> *a poesia não abdica do compromisso com o seu tempo – lição aprendida aos neorrealistas –, mas investe na autonomia da escrita – lição dos modernistas; o poeta sabe que, ao invés de uma relação especular com a realidade, há no texto a ocupação de um espaço da diferença, pois cada autor operacionaliza os instrumentos do mundo nos extremos da sua própria linguagem.* (Steinberg, 2011, p. 22)

Poesia 61, publicação coletiva, está relacionada à intensa atividade desenvolvida em Faro, no Algarve, por António Ramos Rosa e Casimiro de Brito. Ramos Rosa nasceu e morava em Faro, foi uma espécie de tutor dessa geração. Além de Casimiro, que colaborou com a *plaquette Canto adolescente*, os outros poetas foram Gastão Cruz, com *A morte percutiva*; Luísa Neto Jorge, com *Quarta dimensão*; Fiama Hasse Pais Brandão, com *Morfismos*; e Maria Teresa Horta, com *Tatuagem*. De acordo com Gastão Cruz (2008), *Poesia 61* começou em 1958, em outubro, início do ano letivo da Faculdade de Letras. Então, conheceram-se ele, Gastão Cruz, Fiama Hasse Pais Brandão e Luiza Neto Jorge. Fiama acabava de publicar *Em cada pedra um voo imóvel*.

Houve plena interação entre esses jovens poetas e alguns mais velhos que, em 1958, contribuíram com livros decisivos para esse processo de renovação: Sophia de Mello Breyner Andresen, com *Mar novo*; Jorge de Sena, com *Fidelidade*; Alexandre O'Neill, com *No reino da Dinamarca*; Vitorino Nemésio, com *O verbo e a morte*; Eugénio de Andrade, com *Coração do dia*; e Ramos Rosa, com *O grito claro*.

No ano anterior, 1957, o processo estava já em *Pena capital*, de Mário Cesariny, e, após a explosão de 1958, prosseguia com *Cantata*, de Carlos de Oliveira (1960). Muitos desses poetas colaboraram nos *Cadernos do Meio-Dia*. Foi aí que os jovens poetas tiveram contato com essa poesia e, nesse periódico, também saiu um fragmento do "Canto nupcial", de Herberto Hélder. Eram exemplos dessa confiança num discurso poético revitalizado (Steinberg, 2006).

Ramos Rosa escreveu, em 1953, no último número da revista *Árvore*:

> *A primeira coisa por que devemos lutar é pela confiança nos destinos da poesia, que nós confundimos com o próprio destino do homem. Um dos maiores perigos que ela hoje enfrenta (perigo aliás necessário, pois sem perigos não há aventura poética) é o que podemos chamar a aventura da pureza poética, a tentativa de criar uma linguagem onde a poesia cintile em cada palavra, em cada imagem, em cada verso. O seu hermetismo, que se combate superficialmente, é muitas vezes o nome que se dá à densidade, à riqueza, à liberdade, à imaginação ou à fantasia; numa palavra, ao especificamente poético.* (Cruz, 2008, p. 289-290)

Então, para essa geração, ficou saliente que a palavra funda a poesia, e a procura de uma palavra que se torne fundamentalmente substantiva é a base da Modernidade. Há sobreposição de discursos que se interpenetram e, sob esse aspecto, poderemos relacionar ao interseccionismo e à "Chuva oblíqua" de Fernando Pessoa. Resumindo as tendências posteriores à geração de *Orpheu*, à geração da *Presença* e ao neorrealismo, podemos afirmar que a tendência dos poetas que publicaram em revistas independentes, em 1940, era usar a linguagem simbólica, a metáfora e as margens como recursos poéticos. A metalinguagem era a essência do fenômeno poético, assim como confiavam na força da palavra e no poder de nomear. Foram influenciados pelos poetas românticos ingleses e alemães – Byron, Hölderlin – e por Rilke, T. S. Eliot, Whitman, Lorca, Éluard, João Cabral de Melo Neto.

Na década de 1950, houve influência do surrealismo, o que significou "in-significante", "in-transcendente", "não sério". Assim, o poema surrealista é intrinsecamente descentrado, ontologicamente anônimo. Para António Ramos Rosa, o poeta confunde o destino da poesia com o destino do homem, ou seja, o poeta é predestinado, tem uma missão fundamental para a humanidade (Steinberg, 2006). Em 1960, a palavra é vista em sua concretude, é substantiva, ela funda a poesia, o que já fora preconizado na obra de Paul Valéry e Stéphane Mallarmé.

A literatura produzida durante as guerras coloniais (1961-1974) motivou uma escrita que registrou a perspectiva dos militares que promoveram o "25 de abril". Com o fim da ditadura salazarista, a Revolução dos Cravos, em 25 de abril de 1974, motivou o aparecimento de uma literatura crítica contrária ao sufoco do regime ditatorial imposto por Salazar. A guerra colonial se mostrava sem sentido, violenta; assim, os autores se solidarizaram humanisticamente com os povos africanos. Alguns autores até mesmo participaram da guerra. António Lobo Antunes trabalhou como médico e fez um relato incrível em *Os cus de Judas* (1979), imparcial, no qual retrata as atrocidades de uma guerra muito além de questões econômicas e políticas.

A situação política portuguesa, que desaguou no "25 de abril", criou possibilidades para que Portugal se recontasse. Anteriormente, sob o regime salazarista, havia uma ideologia com perspectiva valorativa de um discurso mítico, de ordem colonialista. Essa mitologia acabou por ser objeto de crítica dos escritores que surgiram nesse novo período histórico (Steinberg, 2006).

José Saramago, que foi o único Nobel das literaturas de língua portuguesa, em 1998, fez a ligação entre o neorrealismo e a atualidade, além de intervir em questões relacionadas com a identidade nacional portuguesa e a internacionalização. Em *Levantado do chão* (1980), Saramago descreve a saga de uma família alentejana nos grandes latifúndios; subverte-o fazendo dele meio de suporte para a criação de um mundo de metáforas. Podemos fazer uma ponte com o romance *As naus*, de Lobo Antunes, que alegoricamente trata do drama dos retornados* em Portugal; ambos dialogam com *Os Lusíadas*, estabelecem intertextualidade crítica: usam o clássico português para fazerem outras

---

* *Retornados* eram portugueses que moravam nas ex-colônias na África; quando acabou a guerra, precisaram retornar a Portugal.

leituras do mito camoniano*. Outro romance que podemos citar é o *Memorial do convento*, de Saramago, que é mais do que um romance histórico: é também um romance sobre a história da língua na qual a obra está escrita.

António Lobo Antunes e José Saramago foram os dois escritores mais traduzidos da literatura portuguesa. Peiruque (2008, p. 271) escreveu:

> *Saramago faz da História uma ficção e introduz-lhe aquilo que é intencional invenção para mostrar a subjetividade do historiador e, assim 'limpar' o passado, neste caso, o português, de feitos gloriosos fabricados. Em Lobo Antunes, a história brota das malhas da ficção, e em suas narrativas ficcionais ocorre propriamente o resgate da história – resgate como denúncia –, uma vez que o que está à frente do texto, inversamente ao romance de Saramago, é uma história recente feita de violência, de guerra pelo poder, de vinganças pelas humilhações infinitas, através da qual se conhece a verdade do colonialismo. Ambos dão conta do momento de transformação em Portugal – mas não só – e o que dele se espera.*

É uma retomada do processo histórico político. A história está fortemente representada na literatura portuguesa contemporânea, desconstruída pela ironia, como vemos nos romances de Saramago ou em Lobo Antunes, no qual a memória clama

---

* Podemos acrescentar, a título de curiosidade, o romance *Peregrinação de Barnabé das Índias* (1998), de Mário Cláudio, que também estabelece um diálogo com *Os Lusíadas*.

pela história e sua revisão, para que não esqueçamos a vergonha do passado. Assim, a literatura portuguesa contemporânea fala para o mundo porque é resultado de um mundo onde os problemas são os mesmos. Além das questões histórico-políticas, os dois autores são inovadores em relação à linguagem. Vale a pena conferir. Quase toda a obra desses dois autores foi publicada no Brasil.

Síntese

Neste capítulo, construímos um painel significativo da literatura portuguesa do contexto do início do século XX até o começo do século XXI. Tratamos de um período extenso e que trouxe profundas mudanças no fazer artístico e literário. É importante que você procure conhecer mais sobre os poetas estudados aqui e perceba que alguns deles, como Mário de Sá-Carneiro e Fernando Pessoa, exerceram – e exercem – muitas influências sobre os autores modernos e contemporâneos. Para entender isso melhor, leia a bibliografia recomendada e os *sites* sugeridos no material complementar.

Atividades de autoavaliação

Com base no poema "Dobrada à moda do Porto", de Fernando Pessoa (sob o heterônimo de Álvaro de Campos), reproduzido a seguir, responda às questões propostas

Dobrada à moda do Porto

Um dia, num restaurante, fora do espaço e do tempo,
Serviram-me o amor como dobrada fria.
Disse delicadamente ao missionário da cozinha
Que a preferia quente,
Que a dobrada (e era à moda do Porto) nunca se come fria.

Impacientaram-se comigo.
Nunca se pode ter razão, nem num restaurante.
Não comi, não pedi outra coisa, paguei a conta,
E vim passear para toda a rua.

Quem sabe o que isto quer dizer?
Eu não sei, e foi comigo...

(Sei muito bem que na infância de toda a gente houve um jardim,
Particular ou público, ou do vizinho.
Sei muito bem que brincarmos era o dono dele.
E que a tristeza é de hoje).

Sei isso muitas vezes,
Mas, se eu pedi amor, por que é que me trouxeram
Dobrada à moda do Porto fria?
Não é prato que se possa comer frio,
Mas trouxeram-mo frio.
Não me queixei, mas estava frio,
Nunca se pode comer frio, mas veio frio.
(Pessoa, 1990, p. 418)

1. O poeta relaciona o amor a um prato típico de Portugal, a dobrada. Podemos afirmar isso pelos versos:

   a. "Serviram-me o amor como dobrada fria".

   b. "Nunca se pode ter razão, nem num restaurante".

   c. "Não comi, não pedi outra coisa, paguei a conta".

d. "Quem sabe o que isto quer dizer?"

2. Podemos afirmar que "Dobrada à moda do Porto" é um poema do "primeiro modernismo" português porque:

a. na última estrofe, nos quatro últimos versos, todos acabam com a palavra *frio*.

b. todos os versos têm o mesmo número de sílabas poéticas.

c. os versos têm tamanhos diversos e não têm rimas.

d. o restaurante do poema fica "fora do espaço e do tempo".

3. As características predominantes do modernismo português são:

a. A mulher amada é descrita com idealismo, é representante do ideal feminino, o eu poético não vislumbra o amor carnal, apenas o amor platônico, como nas cantigas medievais.

b. Os versos não são rimados, usa-se o que chamamos de *versos livres* e o eu poético é um sujeito fragmentado.

c. Nas estrofes sempre ocorre o que chamamos de *paralelismos*, e o eu poético se coloca no lugar de uma mulher que perdeu seu amado.

d. Há preocupação com a política e os primeiros modernistas são simpatizantes das teorias marxistas.

4. Assinale a alternativa que não corresponde à verdade:

a. *Mensagem* é o único livro que Fernando Pessoa publicou em vida, e trata-se de uma intertextualidade com a obra *Os Lusíadas*, de Luís de Camões.

b. A revista *Orpheu* é o marco do modernismo em Portugal, e os diretores foram Fernando Pessoa e Mário de Sá-Carneiro.

c. Os principais heterônimos de Fernando Pessoa são Álvaro de Campos, Ricardo Reis e Alberto Caeiro.

d. Sophia de Mello Breyner Andresen, José Saramago e António Lobo Antunes foram os principais representantes do primeiro modernismo português.

5. Sobre o neorrealismo português, não podemos afirmar que:

a. Foi influenciado pela literatura brasileira, sobretudo pela prosa regionalista brasileira.

b. Foi influenciado pelas teorias científicas de Charles Darwin, pelas ideias socialistas de Proudhon e pelo determinismo positivista de Hippolyte Taine.

c. O movimento em Portugal se originou em princípios da Segunda Guerra Mundial. As primeiras manifestações se desenvolveram no jornal *O Diabo* e na revista *Sol Nascente*.

d. Alguns dos principais escritores do neorrealismo português foram modificando sua concepção de literatura ao longo do tempo. É o caso de Vergílio Ferreira, por exemplo.

Atividades de aprendizagem

Questões para reflexão

1. Faça um breve estudo da Semana de Arte Moderna de 1922 no Brasil, compare esse movimento brasileiro às primeiras manifestações modernistas portuguesas – como poemas publicados na revista *Orpheu* – e o relacione-o a aspectos históricos.

2. Tendo em vista questões poéticas do modernismo, principalmente sobre o *ostinato rigore*, descrito por Leonardo da Vinci e recuperado por Paul Valéry, e sobre a "despersonalização da linguagem"*, analise e compare os poemas reproduzidos a seguir, de Sophia de Mello Breyner Andresen e João Cabral de Mello Neto, representantes do modernismo português e brasileiro.

II

Pinças assépticas
Colocam a palavra-coisa
Na linha do papel
Na prateleira das bibliotecas
(Andresen, 1991b, p. 85)

---

* Para mais informações, consulte a dissertação de mestrado *No poema: um paradigma da tessitura poética de Sophia de Mello Breyner Andresen* (Steinberg, 2006), disponível neste link: <http://www.teses.usp.br/teses/disponiveis/8/8150/tde-24082007-152926/publico/TESE_VIVIAN_STEINBERG.pdf>.

Psicologia da composição

I – A Antonio Rangel Bandeira
Saio de meu poema
como quem lava as mãos.

algumas conchas tornaram-se,
que o sol da atenção
cristalizou; alguma palavra
que desabrochei, como a um pássaro.

Talvez alguma concha
dessas (ou pássaro) lembre,
côncava, o corpo do gesto
extinto que o ar já preencheu;
talvez, como a camisa
vazia, que despi.

(Melo Neto, 1995, p. 93)

Atividade aplicada: prática

1. Leia a "Carta a Adolfo Casais Monteiro" (Pessoa, 1935)*, sobre a gênese dos heterônimos, datada de 13 de janeiro de 1935. No texto, observe que Fernando Pessoa exagerou mais nos pormenores do que na essência. Leia também "Notas para a recordação de meu mestre Caeiro", de Álvaro de Campos (Pessoa, 1931)**. Escreva um artigo sobre a questão da heteronímia, sobre as características de cada um dos principais heterônimos: Alberto Caeiro, Ricardo Reis e Álvaro de Campos. Escolha um ou mais poemas de cada um deles e reescreva-os. Explique o que é o "dia triunfal" e quais críticas existem sobre isso.

---

* A "Carta a Adolfo Casais Monteiro" (Pessoa, 1935) está disponível neste link: <http://arquivopessoa.net/textos/3007>.

** O texto "Notas para a recordação de meu mestre Caeiro" (Pessoa, 1931) está disponível neste link: <http://arquivopessoa.net/textos/683>.

um Origens e consolidação da língua e da literatura portuguesa

dois Renascimento, maneirismo e barroco

três Romantismo e realismo

quatro Modernismo

cinco Noções de literatura africana de língua portuguesa

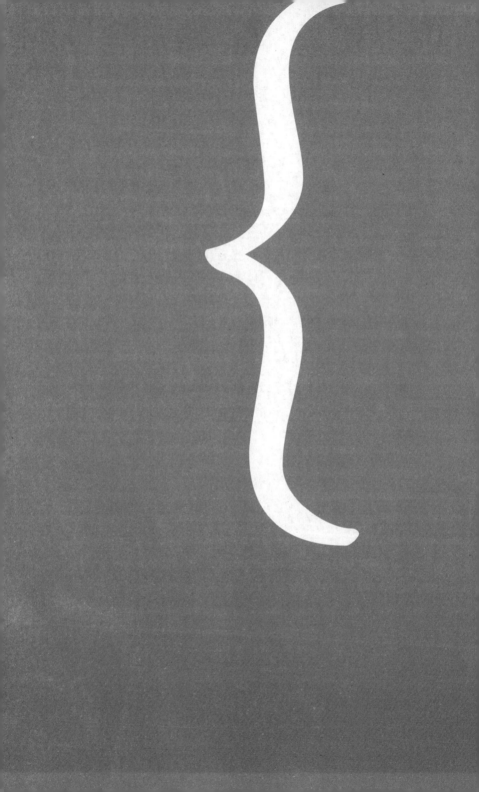

❨ PENSAR EM LITERATURA africana em língua portuguesa como um todo não me parece que abranja toda a sofisticação de questões particulares de cada país. Tendo em vista a língua portuguesa como a oficial e unificadora das diferenças, com todas as sequelas que a abrangem, seria um caminho possível, mas, assim mesmo, preferimos chamar essa produção de *literatura angolana, moçambicana, cabo-verdiana, são-tomeense e guineense*. Por outro lado, podemos pensar em questões comuns à *literatura africana de língua oficial portuguesa*, como a pesquisadora Josilene Silva Campos (2008) denominou. Ou seja, para tentarmos adentrar esse universo particular, primeiramente teremos de pensar em situações formadoras das várias literaturas, que, a princípio, é a língua portuguesa e as questões que envolvem o colonialismo.

Além da questão sobre colonialismo e pós-colonialismo, e concomitante a ela, precisaremos refletir sobre a questão da legitimidade. É uma questão que traz embutida o fato de essa literatura ser escrita na língua do colonizador. Em razão disso, pode ser vista como uma espécie de subproduto neocolonial.

Cobra-se muito dos autores africanos, atualmente, que mostrem em sua obra linguagem e conteúdo facilmente reconhecidos como "autenticamente" africanos pelos não africanos. Cenas como tambores tocando, natureza intocada, anciãos e vida tribal, os orixás, mortos-vivos e excentricidades como essas, tomadas como características de todo o continente. Com isso, não se consideram "legitimamente africanas" as narrativas que não apresentam essas características de lugar-comum (conforme Campos, 2008, p. 5).

O lugar dessa literatura traz uma problemática importante e renovadora de possíveis olhares consumidos pela inércia de valores conhecidos e assumidos pela cultura europeia: o olhar precisa ser redimensionado, sair do eurocentrismo e passar a enxergar o mundo com outras perspectivas, não as já conhecidas e ditadas a partir de uma visão que tem a Europa como o centro do mundo. Por isso, ao nos depararmos com uma literatura que trabalha o idioma de forma inovadora, a língua portuguesa e as literaturas só poderão se gratificar com isso – e nós, como leitores, ampliaremos nosso mundo, nosso horizonte. Abordaremos o tema com atenção redobrada, assim percorreremos rapidamente alguns aspectos históricos e sociais dessa sociedade com um alerta. Não vamos generalizar todos os países africanos de língua portuguesa, cada um tem suas particularidades, assim como cada escritor. Vamos falar sobre aspectos semelhantes a todos esses países, baseados na história e na questão que nos traz aqui: a língua portuguesa que, de alguma forma, nos une.

O escritor africano, principalmente na sociedade colonial, vivia entre dois mundos, ou duas realidades: a sociedade colonial e a africana. Assim, sua escrita registrava a tensão nascida entre o uso da língua portuguesa em uma realidade bastante complexa. Então, ao produzir literatura, os escritores transitavam pelos dois espaços, "pois assumiram as heranças oriundas de movimentos e correntes literárias da Europa e das Américas e as manifestações advindas do contato com as línguas locais", de acordo com as estudiosas Maria Nazareth Soares Fonseca e Terezinha Tabada Moreira (2007).

Esse embate, já mencionado, que aconteceu no campo da linguagem literária, foi o empenho gerador do projeto literário característico dos cinco países africanos que têm o português como língua oficial: Moçambique, Angola, Cabo-Verde, Guiné-Bissau e São Tomé e Príncipe. Manuel Ferreira (citado por Fonseca; Moreira, 2007) descreve quatro momentos da literatura africana de língua portuguesa:

+ No primeiro, destaca o teórico que o escritor está em estado quase absoluto de alienação (Ferreira, citado por Fonseca; Moreira, 2007). Os seus textos poderiam ter sido produzidos em qualquer outra parte do mundo: é o momento da alienação cultural.

+ O segundo momento corresponde à fase em que o escritor manifesta a percepção da realidade. O seu discurso revela influência do meio, bem como os primeiros sinais de sentimento nacional: a dor de ser negro, o negrismo e o indigenismo.

+ O terceiro momento é aquele em que o escritor adquire a consciência de colonizado. A prática literária se enraíza no meio sociocultural e geográfico: é o momento da desalienação e do discurso da revolta.

+ O quarto momento corresponde à fase histórica da independência nacional, quando se dá a reconstituição da individualidade plena do escritor africano: é o momento da produção do texto em liberdade, da criatividade e do aparecimento de outros temas, como o do mestiço, o da identificação com a África, o do orgulho conquistado (Fonseca; Moreira, 2007).

A literatura em língua portuguesa produzida na África tem suas particularidades, e é importante compreendê-las. O escritor africano, oriundo de países que têm a língua portuguesa como oficial, sabe que é preciso "peneirar" algo meio estrangeiro. Se, num primeiro momento, esses escritores aceitaram as influências e a imposição da língua dos colonizadores, depois passaram a rejeitá-las, trazendo para a literatura um ressentimento. Hoje podemos falar de uma literatura nacional, independente, em que cada país tem sua experiência literária, "é o momento da produção do texto em liberdade" (Fonseca; Moreira, 2007, p. 2) e de reconstituição de individualidades. Há a consciência de valores que se perderam e de que é necessário resgatá-los.

Patrick Chabal (citado por Fonseca; Moreira, 2007), numa perspectiva mais historicista, também considera quatro fases abrangentes das literaturas de língua portuguesa:

A primeira é denominada assimilação, e nela se incluem os escritores africanos que produzem textos literários imitando, sobretudo, modelos de escrita europeus. A segunda fase é a da resistência. Nessa fase o escritor africano assume a responsabilidade de construtor, arauto e defensor da cultura africana. É a fase do rompimento com os moldes europeus e da conscientização definitiva do valor do homem africano. Essa fase coincide com a conscientização da africanidade, sob a influência da negritude de Aimé Césaire, Léon Damas e Léopold Senghor. A terceira fase das literaturas africanas de língua portuguesa coincide com o tempo da afirmação do escritor africano como tal e, segundo o teórico, verifica-se depois da independência. Nela o escritor procura marcar o seu lugar na sociedade e definir a sua posição nas sociedades pós-coloniais em que vive. A quarta fase, da atualidade, é a da consolidação do trabalho que se fez em termos literários, momento em que os escritores procuram traçar os novos rumos para o futuro da literatura dentro das coordenadas de cada país, ao mesmo tempo em que se esforçam por garantir, para essas literaturas nacionais, o lugar que lhes compete no corpus *literário universal.* (Fonseca; Moreira, 2007, p. 3-4, grifo dos autores)

Complementando o tema: "Em outras palavras, desvincular a língua portuguesa da tradição europeia foi o primeiro passo dado por autores que ansiavam encontrar a palavra precisa, transgressora e fundadora de um novo lirismo com marcas próprias" (Oliveira, 2009, p. 22). Em Moçambique, por exemplo, os autores Mia Couto, Luís Carlos Petraquim e Paulina Chiziane, entre outros, assumem um tom individual e intimista para narrar a experiência pós-colonial, desviando-se do viés coletivo que até então imperava.

Portanto, para se pensar a literatura escrita em língua oficial portuguesa, vamos considerar os autores africanos de nascimento ou estrangeiros que adotaram algum país do continente africano como sua pátria e que estejam alinhados com as posturas críticas em relação ao imperialismo. Excluiremos, portanto, a literatura colonial.

Voltando ao continente europeu – e à sua perspectiva histórica –, sabemos que, no final do século XIX, Portugal desenvolveu a ideia de que o país não poderia sobreviver sem o império em virtude de perigo de ser absorvido pela Espanha, devendo, pois, criar um "novo Brasil". Houve a Conferência de Berlim (1884-1885) que regulamentou e organizou a ocupação da África pelas potências coloniais, o que resultou numa divisão que não respeitou nem relações étnicas, nem a história dos povos desse continente. Assim, Portugal efetivamente ocupou suas colônias na África, perpetuando a ideia de que Portugal só poderia existir se mantivesse e ocupasse suas colônias. Portanto, de um lado, havia a vontade europeia de expansão de territórios; por outro, uma África que foi colonizada, ou seja, havia uma África anterior à ocupação, com línguas e valores culturais diferentes dos portugueses. Para estudarmos as peculiaridades desse continente, devemos nos lembrar dessas marcas.

Analisando a literatura africana de língua portuguesa, pós-colonial, e tendo presente a questão de resgate de valores anteriores à ocupação portuguesa no território africano, o que devemos evidenciar é a presença da oralidade. É um elemento fundamental na estratégia de desconstrução da imagem produzida pelo Ocidente em relação à África.

> *A incorporação dessa forma discursiva nas obras literárias é a maneira que os autores encontraram de evidenciar características linguísticas presentes nas culturas locais, que foram inferiorizadas pelo colonizador, buscavam com essa medida uma maior identificação com as referências nacionais. [...] É fundamental pensar a oralidade e o seu papel transformador nas análises feitas sobre as literaturas africanas.* (Campos, 2008, p. 10-11, 13)

O escritor Mia Couto (citado por Campos, 2008, p. 14), em 2002, declarou que o português, sozinho, não consegue transmitir a realidade africana; há de se usar as potencialidades da língua portuguesa e trabalhá-la inserindo elementos que possam representar os significados da África. Rita Chaves (citada por Campos, 2008, p. 16) frisou que a invasão das nações europeias no

> Analisando a literatura africana de língua portuguesa, pós-colonial, e tendo presente a questão de resgate de valores anteriores à ocupação portuguesa no território africano, o que devemos evidenciar é a presença da oralidade.

continente africano é, de fato, uma parte da história da África, mas não é a história em si.

Enquanto os modernos escritores europeus estão voltados para a descoberta de um "eu" que seja objeto de uma viagem interior de descobrimento, os escritores africanos, por sua vez, estão preocupados com o "nós". O seu problema consiste em descobrir um papel público, sua luta é para desenvolver suas culturas, escreveu o autor Kwame Anthony Appiah, em *Na casa de meu pai* (Appiah, 1997, citado por Campos, 2008, p. 21). Mia Couto (1999, p. 13) escreveu: "Preciso ser um outro para ser eu mesmo [...]".

Então, para reforçar as questões mais pertinentes das literaturas africanas, procurando uma unidade, podemos considerar a oralidade, o passado e o sentido da história para ser nação, questões que se permeiam. A seguir, neste capítulo, abordaremos alguns autores africanos de língua portuguesa. Destaque para o moçambicano Mia Couto e para o angolano José Eduardo Agualusa.

cincopontoum
Mia Couto

Mia Couto é o pseudônimo de António Emílio Couto. Adotou *Mia* como primeiro nome por dois motivos, um deles familiar: seu irmão caçula assim o chamava porque não conseguia pronunciar o nome inteiro; o segundo, poético, porque combina com seu gosto por gatos – aliás, dizia à sua mãe que queria ser um deles.

O autor nasceu em Beira, Moçambique, em 5 de julho de 1955. Em 1971, mudou-se para a capital, Lourenço Marques (hoje Maputo). Depois da Revolução dos Cravos de 1974, exerceu a profissão de jornalista. Em 1983, publicou *Raiz de orvalho*, seu primeiro livro de poesia. Dois anos depois, demitiu-se do cargo de diretor da revista *Tempo* para se dedicar a seus estudos universitários em biologia. É o escritor moçambicano mais traduzido e ganhou muitos prêmios, inclusive o Prêmio Camões – que é o prêmio mais respeitado das literaturas lusófonas–, em 2013, pelas mãos do presidente de Portugal, Cavaco Silva, e da presidente do Brasil, Dilma Rousseff.

Na introdução de seu livro *Estórias abensonhadas* – publicado em 2004, em Portugal, pela editora Caminho, e no Brasil, em 2012, pela editora Companhia das Letras –, Mia Couto escreveu:

Estas estórias foram escritas depois da guerra. Por incontáveis anos as armas tinham vertido luto no chão de Moçambique. Estes textos me surgiram entre as margens da mágoa e da esperança. Depois da guerra, pensava eu, restavam apenas cinzas, destroços sem íntimo. Tudo pensado, definitivo e sem reparo. Hoje sei que não é verdade. Onde restou o homem sobreviveu semente, sonho a engravidar o tempo. Esse sonho se ocultou no mais inacessível de nós, lá onde a violência não podia golpear, lá onde a barbárie não tinha acesso. Em todo este tempo, a terra guardou, inteiras, as suas vozes. Quando se lhes impôs o silêncio elas mudaram de mundo. No escuro permaneceram lunares. Estas estórias falam desse território onde nos vamos refazendo e vamos molhando de esperança o rosto da chuva, água abensonhada. Desse território onde todo o homem é igual, assim: fingindo que está, sonhando que vai, inventando que volta. (Couto, 2012, p. 5)

Estórias abensonhadas, escritas 20 anos após *Terra sonâmbula*, um dos mais célebres romances de Mia Couto, considerado um dos melhores romances africanos do século XX, retrata a tentativa de renascimento e da possibilidade de sonhar. Capta um país em transição. São histórias que traçam um retrato afetivo e mágico de Moçambique, no qual o fantástico faz parte do cotidiano e a música reside na fala das ruas. Enquanto, no livro mais antigo, o cenário é a devastação do conflito que se seguiu à independência de Moçambique, em *Estórias abensonhadas*, 30 anos depois de uma guerra que custou milhares de vidas, o cenário é a esperança, vista como algo novo nas pessoas. "Onde restou o homem sobreviveu semente, sonho a engravidar o tempo" (Couto, 2012, p. 5).

As histórias de Mia Couto entrelaçam fantasia e realidade. O autor declarou que o homem não pode perder o sonho – assim é feita sua literatura, de fiapos, ou pequenas frestas para o sonho, para a esperança; ao mesmo tempo, resgata tradições e a história de seu país. Sua escrita transforma o linguajar das ruas em poesia e carrega de magia a dura realidade. Isso não quer dizer que "ele doura a pílula", mas que entrevê e entremostra o sonho que sobrevive.

Em uma entrevista para o programa televisivo *Roda Viva*, durante a Feira Internacional de Literatura de Paraty (Flip) de 2007, Mia Couto conversou sobre questões pertinentes à sua poética, disse que a oralidade é uma outra lógica que mantemos dentro de nós, mesmo que esteja subjugada à lógica da escrita, e continuou:

> *Em certo momento, esse universo da escrita em nós ocupa um espaço quase hegemônico, e nós não permitimos que aquilo que seja o lado da abordagem poética, o lado da abordagem mais íntima das coisas, com a possibilidade de deixar conviver dentro de nós diferentes tipos de lógicas. Esta que, para mim, é a briga, não como escritor, mas como pessoa que quero ter uma relação com a vida que passa por esse partilhar de linguagens com as coisas, com os animais, com as plantas.* (Roda Viva, 2007)

Temos duas características marcantes na poética de Mia Couto. Por um lado, a possibilidade de ter esperança onde sobrevive o homem: há possibilidade de inventar a terra depois da chuva, água "abensonhada", assim, uma mistura de abençoada e sonhada, isso em relação ao conteúdo. Por outro lado, em relação à linguagem, à estrutura de suas histórias, às palavras "inventadas", pertencentes a uma tradição oral, ou, como Couto nos esclareceu, a oralidade é uma outra lógica que mantemos dentro de nós, e precisamos estar aptos, ou disponíveis, para escutar aquilo que são as formas de casamento (Roda Viva, 2007).

O escritor contou que, para a água "abensonhada", tem uma memória marcante. Disse que, quando foi anunciado o fim da guerra pelas primeiras páginas dos jornais, não houve comemorações, não houve nenhuma festa; uma semana depois, choveu, e aí as pessoas festejaram (Roda Viva, 2007). Aí Mia

Couto criou a palavra *"abensonhada"*, como se a chuva estivesse trazendo as boas-novas – não foram os jornais ou as revistas que trouxeram a notícia, mas a chuva, abençoada e sonhada ao mesmo tempo. Ainda relacionado às línguas faladas em Moçambique e à presença do português como língua oficial nesse país, Mia Couto nos esclareceu, na mesma entrevista:

> [...] *Moçambique vive uma situação muito particular, em que a maior parte das pessoas são de outra língua e estão visitando o português. São de línguas banto [conjunto de línguas do grupo nigero-congolês oriental faladas na África] e têm o português como segunda língua. Isso cria uma situação favorável [para o escritor]: é um privilégio conviver com essa situação em que o português está quase em flagrante nascimento. E isso é feito com uma situação de grande ausência de complexo: as pessoas estão muito livres para assaltarem o português, namorarem na rua, na poeira, de noite, de dia. É difícil [portanto] não ser um escritor que use esse tipo de construção e desconstrução.* (Roda Viva, 2007)

A questão da língua portuguesa como língua oficial – ou seja, estabelecida por questão política, a partir de questões de colonização, imposta pelas autoridades europeias – é um dado importante para pensarmos essa literatura, como mencionamos anteriormente, na introdução a essas literaturas. Mia Couto afirma dessa língua que está em "quase flagrante nascimento" e que possibilita a construção e desconstrução da linguagem. Em relação à própria poética, disse que faz uma espécie de fratura que quer fazer no muro, que quer abrir no muro, para ver se do outro lado há uma outra luz, uma outra claridade. E é essa claridade que lhe interessa: "quer dizer, o que surge dessa outra sociedade, dessas outras sociedades, como uma sugestão para apreender o mundo" (Roda Viva, 2007).

O autor dá um exemplo de um aspecto particular que está presente em sua poética:

> [...] e a relação com a morte, com os mortos, esta é uma coisa que eu acho que a África tem, embora eu resista muito à ideia de que a África tem coisas, digamos assim, que são tipicamente únicas, quer dizer, que os outros não têm. Eu acho que essa religiosidade, essa relação não com a morte, mas com os mortos, é uma coisa da África, o sentimento do tempo, o sentimento da eternidade, a maneira como o mundo é governado por harmonias. Isso eu quero que surja nos meus textos e acho que essa é a minha grande aposta. (Roda Viva, 2007)

Ainda na entrevista que concedeu ao programa *Roda Viva*, Mia Couto resumiu questões históricas que marcam profundamente Moçambique e o continente africano como um todo. Com base em uma pergunta dos jornalistas sobre seu livro *Um rio chamado tempo, uma casa chamada terra* (2002), bem como sobre a questão que aparece a partir do personagem que volta para o enterro do avô, o autor disse que surge, assim, um "hiato de gerações":

> *Há um hiato de gerações e há um hiato que resulta de um certo golpe. Nós tivemos, de uma maneira dramática, acontecimentos que provocaram um desmoronar da teia de relações sociais, familiares. Nós tivemos duas guerras consecutivas [a Guerra da Libertação, entre 1964-1975, e a Guerra Civil Moçambicana, entre 1976-1992]. Mais da metade da minha vida foi passada em guerra, e isso, de fato, condensou aquilo que acontece em outros países também. Este fenômeno não é exclusivo dos países que sofrem guerra. O que acontece na guerra é que isso é feito de uma maneira completamente crispada, condensada. O conflito de gerações, esse distanciamento daquilo que são os laços de solidariedade que eram muito presentes na sociedade rural africana, são hoje uma condição quase dramática, porque se perdeu aquele mundo e não temos um outro, vivemos em uma espécie de nuvem de um período de transição.* (Roda Viva, 2007)

Generalizando, a literatura africana tem a marca de um resgate do passado mais remoto, uma profunda relação com a natureza, o sentimento do tempo, o sentimento da eternidade. Uma colocação importante é sobre a possibilidade de a África contar sua própria história, assim fugindo de uma visão europeísta. Mia Couto, num debate reproduzido parcialmente pelo jornal português *Público*, em setembro de 2013, chamou a atenção para esse aspecto. Couto declarou que "sem querer, os africanos, nessa missão de se libertarem, incorporaram muito dos fundamentos da imagem de África criada pela visão dos europeus" (Couto, 2013).

Caminhar pelas páginas dos livros narrativos poéticos de Mia Couto também nos resgata de um olhar padronizado para a língua portuguesa e para a visão europeísta da linguagem. Temos de repensar além da língua, além da sonoridade, além da visão de literatura e de história partilhada e divulgada pelo Ocidente. Há necessidade de uma quebra de valores estagnados, para podermos adentrar em outra escritura.

Para finalizar esta parte, citaremos duas epígrafes que Mia Couto usou em *Terra sonâmbula*:

Se dizia daquela terra que era sonâmbula. Porque enquanto os homens dormiam, a terra se movia espaços e tempos afora. Quando despertavam, os habitantes olhavam o novo rosto da paisagem e sabiam que, naquela noite, eles tinham sido visitados pela fantasia do sonho. Crença dos habitantes de Matimati (Couto, 2007, p. 7)

O que faz andar a estrada? É o sonho. Enquanto a gente sonhar a estrada permanecerá viva. É para isso que servem os caminhos, para nos fazerem parentes do futuro. Fala do personagem Tuahir (Couto, 2007, p. 7)

cincopontoum
José Eduardo Agualusa

O escritor José Eduardo Agualusa nasceu em Angola, na cidade do Huambo, em 13 de dezembro de 1960. Estudou agronomia e silvicultura em Lisboa e exerceu a profissão de jornalista. Viveu em Berlim, Rio de Janeiro, Luanda, além da capital portuguesa. Tem uma obra vasta e traduções em diversas línguas.

Sua literatura é cheia de interrogativas. Agualusa disse que escreve para tentar entender o mundo – ao menos seu mundo íntimo – e que continua a escrever porque as questões nunca se esgotam. Percebe como é importante a questão da identidade num país jovem como Angola. Parece que para uma minoria, na qual ele se coloca, essa é e sempre será uma questão fundamental, sempre será confrontado com isso pela própria história, que não coloca os contornos como para povos estabelecidos há mais tempo e que pertencem ao *mainstream*. Pertencer à minoria leva a pensar, a se questionar, a se afirmar, e isso pode ser bom para a literatura e todas as restantes expressões artísticas, disse numa entrevista (Agualusa, 2013).

Há em sua poética um trabalho sobre a memória, a tentativa de um resgate da memória coletiva e também pessoal. Um de seus livros se chama *O vendedor de passados* (2011), título interessantíssimo, principalmente se levarmos em conta questões históricas e em como foi atropelado esse passado. Logo no início dessa narrativa há a citação da letra de uma canção, que resume bem a problemática do enredo: "Nada passa, nada expira/O passado é um rio que dorme/e a memória uma mentira multiforme" (Agualusa, 2004, p. 4).

> ## Para saber mais:
>
> Assista ao filme *O vendedor de passados*, com direção de Lula Buarque de Hollanda e com Lázaro Ramos, Aline Moraes e Odilon Wagner no elenco. É uma livre adaptação do livro de Agualusa. Enquanto o livro se refere a Angola e é aí ambientado, o filme mostra o Brasil como cenário, mais especificamente o Rio de Janeiro.
>
> O VENDEDOR de passados. Direção: Lula Buarque de Hollanda. Brasil: Imagem Filmes, 2013. 80 min.

O vendedor de passados conta a história de um albino, Félix Ventura, habitante de Luanda, em Angola. Como profissão, ele traça árvores genealógicas. Esse trabalho não deixa de ser estranho, ganhar a vida com genealogias falsas. A maior estranheza da narrativa é o narrador, que é uma osga, um tipo de lagartixa. E é esse narrador que contará como Félix Aventura elabora histórias fantásticas, genealogias de luxo para seus clientes: empresários, políticos e generais que têm um futuro assegurado, emergentes da burguesia angolana, mas a quem falta um bom passado.

Um dia, o protagonista recebe a visita de um estrangeiro à procura de uma identidade angolana. E, então, o passado irrompe pelo presente e começam a acontecer coisas impossíveis. O romance não deixa de ser uma sátira à atual sociedade angolana, e a referência à memória faz parte de uma reflexão fundadora: ao mesmo tempo, há uma ironia sobre as personagens que precisam, além do *status* atual, de uma história interessante para contar, mesmo que seja inventada.

Nas palavras de Ana Cristina Pinto Bezerra sobre o personagem principal da obra, "Felix Ventura [...] articula, via projeto escrito, o apagamento da tradição africana e a invenção dos moldes europeus para essa parcela da população que reconhece reinscrever-se segundo o aval português" (Bezerra, 2011, p. 133).

Há um estudo de Ana Cristina Pinto Bezerra (2011) sobre essa narrativa: é uma obra marcante de Agualusa, encenando uma leitura social a partir da figura enigmática de um vendedor de passados, nomeado simbolicamente por uma osga – imagem reencarnada de uma vida anterior, de uma memória anterior. Tal leitura procurará compreender como o passado, trazido ao presente e com ele dialogando intensamente nessa narrativa, revive os signos e/ou fragmentos de uma tradição (Bezerra, 2011).

A questão da língua na África de língua portuguesa nos faz pensar: antes da presença do colonizador havia um universo tradicional permeado pela oralidade; depois, um complexo de silêncio e de reescritas que marca a forte presença do colonizador, trazendo a língua dele, marca inclusive no momento em que se pensa sobre uma "pós-colonização". A personagem Félix reinventa memórias, nada mais que inserir uma tradição sobre a outra, como o processo sofrido por Angola ao longo da sua história.

A noção de verdade e de tradição é relativizada na medida em que se está disposto a ter outra memória, outra história. Esse olhar é comentado pelo próprio Agualusa em entrevista à revista *Ler – Livros e Leitores*, comentando sobre a (re)construção do passado que modifica o presente em Angola, aspecto integrado às suas narrativas:

> *Quem está no poder, no presente, vai tentando alterar o passado. Isso é uma coisa muito evidente em Angola. Angola é um país que sofreu uma série de transformações políticas: primeiro, o regime colonial, logo a seguir, um regime marxista e depois essas mesmas pessoas que construíram esse regime marxista desmontaram-no e hoje estão interessadas em reescrever esse passado. E estão a fazê-lo. Como já tinham reescrito o passado colonial. Inclusive, criando heróis, criando personagens que na altura eram necessários.* (Agualusa, 2009)

O universo da tradição na África é constituído a partir da tradição oral, a fala tem o poder divino e sacralizado, tem a força de agente da magia africana. Podemos perceber no texto de Agualusa a presença dessa oralidade. A construção simbólica das personagens parece significativa do ponto de vista dessa tradição híbrida: por exemplo, o personagem José Buchmann, que tem algo "da mesma natureza poderosa das metamorfoses" (Agualusa, 2011, p. 59); o ministro que compra um passado e a imagem corrupta que dela se veste; a Velha Esperança, criada da casa de Félix Ventura, a representante da sabedoria ancestral do africano.

Ainda em relação a aspectos da linguagem, Agualusa incorpora vocábulos das línguas nacionais, em especial o quimbundo, caracterizando a oralidade das personagens, sem sublinhar essas passagens, o que resultaria na exclusão do modo como as personagens falam, como elucida Padilha (2007, p. 28): "Muitos autores se utilizavam, ainda, das dicionarizações intratextuais, notas de pé de página, explicações, traduções etc., o que fazia delas [as línguas nacionais] quase línguas 'mortas', além de se apresentarem decididamente como estrangeiras". Dessa maneira, o autor reinscreve a tradição africana e sua oralidade no diálogo com a literatura de expressão portuguesa.

Outra marca da presença da oralidade em sua obra é a trama tecida pela osga, que revive o fluxo da tradição. Assim, as vozes das personagens dispostas a narrar seus passados se tornam audíveis no texto, circunstância que indica a fragmentação do vivido no mesmo instante que insinua o mosaico de imagens de que se compõe a memória.

Em relação à história e às "versões oficiais" sobre os acontecimentos reais, Agualusa, numa entrevista para o jornalista Ubiratan Brasil em *O Estado de S. Paulo*, em 13 de julho de 2013, declarou:

> *O passado é pessoal e intransmissível. Estados totalitários, e eu, infelizmente, entendo alguma coisa sobre estados totalitários, defendem, pelo contrário, um passado coletivo, grandioso, confeccionado à medida dos seus interesses. Para quem, como eu, viveu à sombra pesada e deformadora de um estado totalitário, a reação natural, quase instintiva, é a de reagir contestando esse passado oficial. Opondo a esse passado único, a esse pensamento único, "bem comportado", os pequenos passados das multidões ruidosas. (Agualusa, 2013)*

E, ainda, na entrevista para a revista *Ler – Livros e Leitores,* o autor afirmou:

> *Questões sobre a identidade, o passado, a memória e outras que surgem dessas, como à língua oficial e às anteriores à dominação do colonizador, de caráter essencialmente oral, ou seja, a presença da oralidade, são aspectos que se entrecruzam e se confirmam; uma surge da outra em dois tempos, o primeiro em relação à história de uma sociedade, e a outra, em relação à individualidade do autor.* (Agualusa, 2009)

Síntese

A literatura escrita em língua portuguesa na África traz um novo frescor à nossa língua em comum. Notamos também que é uma literatura preocupada em se inscrever na história, em ter autoria, com todas as dificuldades de se enxergar diante de um passado complexo e diverso, no qual se misturam tradições díspares e que encontram um lugar nessa literatura.

Cada autor, em cada obra, traz aspectos fundamentais para nossa compreensão de um universo do qual compartilhamos a mesma língua. Se, por um lado, vimos a língua portuguesa se formar na Idade Média, por outro estudamos a literatura africana de língua portuguesa na atualidade, que traz uma renovação para essa língua. Os autores de origem africana e que têm como língua oficial o português acrescentam novos idiomas, outros olhares e perspectivas que enriquecem a nossa visão de mundo, assim como a língua portuguesa.

Atividades de autoavaliação

1. "O caracol se parece com o poeta: lava a língua no caminho de sua viagem. (Dito – mas não acredito – do meu avô)". É a epígrafe do sexto capítulo do livro *Mar me quer*, de Mia Couto. Essa epígrafe faz referência:

   a. à história de Moçambique e à guerra de libertação; assim, compara o povo colonizado ao poeta.

   b. ao caminho que o caracol percorre em sua vida e o relaciona ao caminho que o poeta percorre, com tantos percalços.

   c. à busca da renovação da linguagem dos poetas em geral e, em particular, dos povos colonizados que sabem que a língua do colonizador não dá conta de toda a riqueza de suas experiências.

   d. à linguagem dos poetas, que, muitas vezes, é enrolada, assim como o caracol.

2. Mia Couto (2002) declarou que o português sozinho não consegue transmitir a realidade africana, há de se usar as potencialidades da língua portuguesa e trabalhá-la inserindo elementos que possam representar os significados da África. Com base nessa reflexão proposta por Mia Couto, podemos afirmar:

   I. Percebemos que o valor que há nas línguas está diretamente relacionado a questões políticas, históricas e sociais, portanto também o português, nesse contexto, é a língua do colonizado e, assim, não consegue e não pode dar conta de um universo muito mais complexo.

II. Podemos fazer relação com a língua portuguesa nos primórdios, nas primeiras manifestações literárias em língua portuguesa, nas quais havia duas línguas: uma escrita, usada pelos padres para rezar a missa, o latim, e a outra a língua falada, o português arcaico.

III. No Brasil não houve esse problema, pois a língua do colonizador, o português, não foi modificada por outros idiomas; assim, o português sozinho transmite a realidade brasileira.

Estão corretas as afirmações:

a. I e III.

b. I e II.

c. I, II e III.

d. II e III.

Leia o texto a seguir para responder às questões 3 e 4.

Naquela noite Lídia sonhou com o mar. Era um mar profundo e transparente, cheio de umas criaturas lentas, que pareciam feitas da mesma luz melancólica que há nos crepúsculos. Lídia não sabia onde estava, mas sabia que aquilo eram alforrecas. Enquanto acordava ainda as distinguiu atravessando as paredes e foi então que se lembrou da avó, dona Josephine do Carmo Ferreira, aliás Nga Fina Diá Makulussu, famosa intérprete de sonhos. (Agualusa, 2010, p. 15)

Esse trecho é o início da narrativa *Estação das chuvas*, de Agualusa, e situa-nos em relação ao primeiro sonho da personagem, Lídia. Na sequência, há um termo português que desconhecemos aqui no Brasil, *alforreca*, que é o mesmo que *água-viva*. Depois vem a lembrança de uma pessoa, a avó, que aparece com dois nomes, um português e outro angolano, e ela tem uma profissão, intérprete de sonhos.

3. Com base no que estudamos em relação às literaturas africanas de língua oficial portuguesa, podemos afirmar:

a. A avó era especial para Lídia porque era intérprete de sonhos.

b. Lídia morava em Portugal e a avó em Angola.

c. Lídia denuncia a guerra em Angola.

d. A personagem da avó exalta a importância da herança que os antepassados deixam.

4. Analise se as afirmativas a seguir são verdadeiras ou falsas:

I. A língua portuguesa escrita nos países africanos é idêntica à língua escrita em Portugal.

II. A oralidade é uma forma de resgate das origens das línguas africanas anteriores à colonização portuguesa.

III. O escritor africano, principalmente na sociedade colonial, vivia entre duas realidades, a africana e a sociedade colonial.

IV. O fato de Agualusa, no trecho citado, ter nomeado a avó com dois nomes, um português e outro angolano, sugere duas realidades vividas pelos angolanos.

Podemos considerar como verdadeiras:

a. I, II, III e IV.

b. II, III e IV.

c. I, II e III.

d. I, II e IV.

5 . Analise se as afirmativas a seguir são verdadeiras ou falsas:

I. A osga é uma personagem do livro *Terra sonâmbula*, de Mia Couto.

II. O livro *O vendedor de passados* é uma reflexão sobre a construção da memória e seus equívocos.

III. Mia Couto declarou que há um conflito de gerações em Moçambique porque se perdeu aquela sociedade rural africana e não se tem outro mundo.

Podemos considerar como verdadeiras:

a. I, II, III.

b. I e II.

c. I e III.

d. II e III.

Atividades de aprendizagem

Questões para reflexão

1 . Faça uma pesquisa e escolha algum livro de Mia Couto. Leia e escreva trechos que traduzem a questão da presença da oralidade em sua prosa. Se quiser, escolha outros autores africanos de língua portuguesa.

2 . Leia poemas de Manoel de Barros, poeta brasileiro, e monte uma pequena antologia. Escreva um ensaio analisando e comparando Manoel de Barros e Mia Couto.

Atividade aplicada: prática

1. Faça uma pesquisa sobre autores africanos de língua portuguesa, selecione dez obras e realize uma antologia desses textos, com pequenas resenhas. Tente diversificar suas preferências entre autores e locais. Ouse incluir autores menos conhecidos. Elabore uma aula sobre suas escolhas. É importante fazer uma seleção pessoal.

considerações finais

❦ CONVÉM REITERAR ALGUMAS ideias centrais apresentadas nesta visita à literatura de língua portuguesa. A primeira se refere à ligação entre língua e literatura, evidente no estudo do primeiro capítulo: os inícios da língua portuguesa e seu desenvolvimento na literatura de cada época e de cada autor. Percebemos que a língua é fundamental para adentrarmos em questões de literatura e compreendermos como ela fica marcada pela história e pelas experiências humanas. Ao estudarmos as literaturas africanas de língua oficial portuguesa, entendemos mais claramente o problema de uma língua imposta (também é o caso do Brasil, obstáculo com o qual todos os autores se depararam, cada qual a seu modo) e que, por outro lado, possibilita a criação e, ao mesmo tempo, enriquece a língua e a literatura. No século XIX, época do romantismo, estabeleceu-se o português moderno, embora a língua continue em eterna modificação – apenas as transformações passam a ser mais sutis, e as marcas são menos notadas.

Enquanto temos como urdidura a língua portuguesa, como trama dispomos dos estudos das épocas literárias e históricas e, mais sutilmente, como acabamento os autores e suas obras. Dessa maneira, damos a conhecer o desenho de nossa tessitura.

Aprofundando a questão da língua, o que sobressaiu foi como a literatura pode traduzir as experiências humanas. Por esse motivo, mesclamos os estudos, sempre dando uma visão geral da época e da história e, depois, dos autores. A nossa visão partiu de um todo e, aos poucos, adentramos nas particularidades de cada autor, sem perder a perspectiva de que o mais importante é a obra em si, de que cada leitor/crítico precisa primeiro se envolver com a obra individualizada, depois com toda a obra do autor e, por fim, com aspectos históricos, filosóficos e estéticos. Quanto mais leitura tiver o leitor/crítico, mais proveito e prazer terá ao ler as obras.

Não escrevemos sobre todos os autores canônicos da literatura portuguesa, tampouco apresentamos todos os movimentos literários. Fizemos um recorte e, quando possível, acrescentamos nos estudos desses autores características não exploradas em seus livros – como questões da *Belle Époque* e do decadentismo adicionadas ao estudo de Mário de Sá-Carneiro.

Aqui separaremos dois caminhos: o do leitor, que procura suas próprias leituras, e o do leitor "profissional" – ou o do estudante que não escolheu aquele autor, aquele livro. Focamos o segundo grupo. Assim tivemos como barreira o problema de trazer uma literatura distante em relação às vivências dos alunos, pois, às vezes, parece que determinado autor escreve sobre problemas que não são nossos, ou de nosso momento histórico. O desafio, então, além de passar o conteúdo, foi o de criar leitores cada vez mais aptos e que adquiram prazer ao ler.

Pudemos perceber que, quando tal autor escreve sobre o amor, por exemplo, esse tema já foi visto de tal e tal forma e que aquela maneira particular atinge nosso nervo intensamente. Isso não nos impede de nos maravilharmos com textos provençais, como apresentamos neste livro. Ou, então, quando algum autor se interroga sobre dúvidas existenciais em pleno século XV, e poderíamos ouvir isso de um nosso contemporâneo, parece que estamos menos sós neste mundo.

Em Portugal, a literatura inaugurada por Fernando Pessoa e Sá-Carneiro criou uma riqueza de possibilidades que merece um estudo à parte. Seria possível elaborar um material para um segundo volume só dessa literatura.

Os autores modernos, muito racionalmente, têm consciência da importância da língua em sua criação: questões existenciais, históricas, das individualidades, do sujeito poético e dos narradores. Enfim, trata-se de um autor que lê e que conhece outros autores de outras épocas. Por isso vale a pena um aprofundamento nos modernos e contemporâneos, até mesmo em um curso de especialização.

Neste livro, trabalhamos detalhadamente os poemas apresentados como exemplos de análises literárias e sabemos que podemos estudar questões históricas, sociológicas, psicológicas etc. Porém, só o contato direto com a obra nos fornece elementos profundos do texto. Para conseguirmos analisar o material, precisamos fazer relações e, para isso, é necessário conhecer e pesquisar – além das experiências pessoais, agora do leitor – para enriquecermos nossa leitura ainda mais.

Os escritores não foram escolhidos aleatoriamente, tampouco por gosto pessoal, embora pudéssemos escrever outro livro com outras escolhas. No caso deste livro, um autor ou uma obra manifestou o seguinte – claro que seguimos uma ordem cronológica. Também perdemos algumas "joias", que tentamos explorar de outras formas, nos exercícios ou em comentários ao longo do livro. Assim, a estrutura mostra filiações, hereditariedades, influências e afinidades.

A tessitura está feita!

referências

AGUALUSA, J. E. As pessoas que vivem em Luanda deixam de ver. Ler – Livros e Leitores, Portugal, 1 maio 2009. Entrevista. Disponível em: <http://www.afonsopacheco.com/joomal/images/phocadownload/barroco_tropical/01.05%20Revista%20Ler%20-%20Entrevista.pdf?ml=5&mlt=system&tmpl=component>. Acesso em: 10 set. 2014.

_____. Do fantástico ao político. O Estado de S. Paulo, São Paulo, 13 jul. 2013. Entrevista. Disponível em: <http://cultura.estadao.com.br/noticias/geral,do-fantastico-ao-politico-imp-,1053079>. Acesso em: 10 set. 2014.

_____. Estação das chuvas. Rio de Janeiro: Língua Geral, 2010.

_____. O vendedor de passados. Rio de Janeiro: Gryphus, 2011.

ALIGHIERI, D. A divina comédia: Inferno. São Paulo: Ed. 34, 1998.

ALMEIDA GARRETT, J. B. Camões: Poema. Paris: Livraria Nacional e Estrangeira, 1825.

_____. Folhas caídas. 1851. Porto: Porto Editora, [S.d.]. Disponível em: <http://cvc.instituto-camoes.pt/conhecer/biblioteca-digital-camoes/literatura-1/1050-1050-dp1.html>. Acesso em: 24 jun. 2014.

ALMEIDA GARRETT, J. B. Romanceiro. Disponível em:<http://minhateca. com.br/ibamendes/Romanceiro+Completo+-+Almeida+Garrett+- +Iba+Mendes,115954937.pdf#>. Acesso em: 15 jan. 2015.

_____. Viagens na minha terra. São Paulo: Nova Alexandria, 1992.

ANDRESEN, S. de M. B. Obra poética I. Lisboa: Caminho, 1995.

_____. Obra poética II. Lisboa: Caminho. 1991a.

_____. Obra poética III. Lisboa: Caminho. 1991b.

ANTUNES, A. L. Conhecimento do inferno. Rio de Janeiro: Alfaguara, 2006.

_____. Memória de elefante. Rio de Janeiro: Objetiva, 2006.

APPIAH, K. A. Na casa de meu pai: a África na filosofia da cultura. Rio de Janeiro: Contraponto, 1997.

ARGAN, G. C. Arte moderna. São Paulo: Companhia das Letras, 1996.

ARISTÓTELES. A arte poética. In: ARISTÓTELES; HORÁCIO; LONGINO. A poética clássica. São Paulo: Cultrix, 1981.

ARISTÓTELES; HORÁCIO; LONGINO. A poética clássica. São Paulo: Cultrix, 1981.

AUERBACH, E. A novela no início do Renascimento: Itália e França. São Paulo: Cosac Naify, 2013.

_____. Ensaios de literatura ocidental. São Paulo: Ed. 34, 2007. (Coleção Espírito Crítico).

_____. Mimesis. São Paulo: Perspectiva, 1976.

BAKHTIN, M. A cultura popular na Idade Média e no Renascimento: o contexto de Rabelais. São Paulo: Hucitec, 1987.

BARBOSA, J. A. Alguma crítica. São Paulo: Ateliê Editorial, 2002.

BARTHES, R. O rumor da língua. São Paulo: M. Fontes, 2004.

BECHARA, E. Da latinidade à lusofonia. In: _____. Estudos da língua portuguesa. Brasília: Funag, 2010. p. 25-44. Disponível em: <http://www.

funag.gov.br/biblioteca/dmdocuments/Estudos_da_lingua_portuguesa. pdf>. Acesso em: 10 set. 2014.

BENJAMIN, W. O conceito de crítica de arte no romantismo alemão. São Paulo: Iluminuras, 2002.

_____. O narrador. In: _____. Obras escolhidas: magia e técnica, arte e política. São Paulo: Brasiliense, 1996.

_____. Origem do drama barroco alemão. São Paulo: Brasiliense, 1984.

BEZERRA, A. C. P. Entre memórias e tradições na escrita de "O vendedor de passados", de Agualusa. Estação Literária, Londrina, v. 8, parte A, p. 132-141, dez. 2011. Disponível em: <http://www.uel.br/pos/letras/EL/vagao/EL8AArt14.pdf>. Acesso em: 10 set. 2014.

BILAC, O. Língua portuguesa. Disponível em: <http://www.releituras.com/olavobilac_lingua.asp>. Acesso em: 10 set. 2014.

BLOOM, H. A angústia da influência: uma teoria da poesia. Rio de Janeiro: Imago, 1991.

BORGES, J. L. O enigma da poesia. In: _____. Esse ofício do verso. São Paulo: Companhia das Letras, 2000.

BOSI, A. História concisa da literatura brasileira. São Paulo: Cultrix, 1987.

BRADBURY, M.; MCFARLANE, J. Modernismo: guia geral. São Paulo: Companhia das Letras, 1999.

BRANDÃO, F. H. P. Obra breve: poesia reunida. Lisboa: Assírio & Alvim, 2006.

BUESCU, M. L. C. Aspectos da herança clássica na cultura portuguesa. Lisboa: Instituto de Cultura Portuguesa, 1979.

CALVINO, I. Seis propostas para o próximo milênio. São Paulo: Companhia das Letras, 1993.

CAMÕES, L. de. Lírica. São Paulo: Edusp; Belo Horizonte: Itatiaia, 1982.

_____. Os Lusíadas. Porto: Porto Editora, 1983.

CAMPOS, A. de. Invenção: de Arnaut e Raimbaut a Dante e Cavalcanti. São Paulo: Arx, 2003.

_____. Mais provençais. São Paulo: Companhia das Letras, 1987.

_____. O anticrítico. São Paulo: Companhia das Letras, 1986.

_____. Verso reverso controverso. São Paulo: Perspectiva, 1988.

CAMPOS, J. S. A historicidade das literaturas africanas de língua oficial portuguesa. 28 f. Trabalho acadêmico (Pós-graduação em História) – Universidade Estadual de Goiás, Goiânia, 2008. Disponível em: <http://pos.historia.ufg.br/uploads/113/original_26_JosileneCampos_AHistoricidadeDasLiteraturas.pdf>. Acesso em: 10 set. 2014.

CANTIGAS MEDIEVAIS GALEGO-PORTUGUESAS. D. Dinis: Ai flores, ai flores do verde pino. Disponível em: <http://cantigas.fcsh.unl.pt/cantiga.asp?cdcant=592&tr=4&pv=sim>. Acesso em: 10 set. 2014a.

_____. D. Dinis: Preguntar-vos quero, por Deus. Disponível em: <http://cantigas.fcsh.unl.pt/cantiga.asp?cdcant=549&tr=4&pv=sim>. Acesso em: 10 set. 2014b.

_____. Fernando Esquio: Vaiamos irmã, vaiamos dormir. Disponível em: <http://cantigas.fcsh.unl.pt/cantiga.asp?cdcant=1327&pv=sim>. Acesso em: 10 set. 2014c.

_____. Glossário. Disponível em: <http://cantigas.fcsh.unl.pt/glossario.asp>. Acesso em: 10 set. 2014d.

_____. João Airas de Santiago: Ûa dona, nom dig'eu qual. Disponível em: <http://cantigas.fcsh.unl.pt/cantiga.asp?cdcant=1500&pv=sim>. Acesso em: 10 set. 2014e.

_____. João Zorro: Em Lixboa, sobre lo mar. Disponível em: <http://cantigas.fcsh.unl.pt/cantiga.asp?cdcant=1177&pv=sim>. Acesso em: 10 set. 2014f.

CHARTIER, R. (Org.). História da vida privada: da Renascença ao Século das Luzes. São Paulo: Companhia das Letras, 2009.

CHAVES, R de C. N. A formação do romance angolano: entre intenção e gestos. São Paulo: Edusp, 1999. (Coleção Via Atlântica).

_____. Angola e Moçambique: experiência colonial e territórios literários. São Paulo: Ateliê Editorial, 1999.

_____. Marcas da diferença: as literaturas africanas de língua portuguesa. São Paulo: Alameda Editorial, 2006.

CHAVES, R. de C. N.; MACEDO, T. Caminhos da ficção da África portuguesa. Biblioteca Livros – Vozes da África, São Paulo, n. 6, p. 44-51, 2007.

COSTA, H. Mar aberto. São Paulo: Lumme, 2010.

COUTO, M. Conversa afiada com Maria José Avilez. SIC, Lisboa, n. 43, 2002. Entrevista.

_____. Estórias abensonhadas. São Paulo: Companhia das Letras, 2012.

_____. Mia Couto: África deve "contar sua própria história" e fugir da versão europeísta. Público, 1 set. 2013. Entrevista. Disponível em: <http:// www.publico.pt/cultura/noticia/mia-couto-africa-deve-contar-sua-propria-historia-e-fugir-da-versao-europeista-1604587>. Acesso em: 24 jun. 2014.

_____. O vôo do flamingo. São Paulo: Companhia das Letras, 2005.

_____. Terra sonâmbula. São Paulo: Companhia das Letras, 2007.

CRUZ, G. A vida da poesia. Lisboa: Assírio & Alvim, 2008.

CUNHA, M. H. da; PIVA, L. Lirismo e epopeia em Luís de Camões. São Paulo: Cultrix, 1980.

DELEUZE, G.; GUATTARI, F. Kafka, para uma literatura menor. Lisboa: Assírio & Alvim, 2003.

DUARTE, P. Estio do tempo: romantismo e estética moderna. Rio de Janeiro: Zahar, 2011.

FERNANDES, M. L. O. Procedimentos intertextuais e metapoéticos na lírica portuguesa contemporânea. In: CONGRESSO INTERNACIONAL DA ABRALIC, 12. Anais... Curitiba, jul. 2011. Disponível em: <http://

www.abralic.org.br/anais/cong2011/AnaisOnline/resumos/TC1048-1.pdf>. Acesso em: 24 jul. 2014.

FERRAZ, E. (Org.). Letra só. São Paulo: Companhia das Letras, 2003.

FONSECA, M. N. S.; MOREIRA, T. T. Panorama das literaturas africanas de língua portuguesa. Cadernos CESPUC de Pesquisa, n. 16, Belo Horizonte, set. 2007, p. 3-4. Disponível em: <http://www.ich.pucminas.br/posletras/Nazareth_panorama.pdf>. Acesso em: 19 jun. 2014. (Série Ensaios: Literaturas Africanas de Língua Portuguesa).

FRANCHETTI, P. Camilo Castelo Branco: a queda dum anjo. 12 jun. 2013. Disponível em: <http://paulofranchetti.blogspot.com.br/2013/06/camilo-castelo-branco-queda-dum-anjo.html>. Acesso em: 24 jul. 2014.

FRIEDRICH, H. Estrutura da lírica moderna: da metade do século XIX a meados do século XX. São Paulo: Duas Cidades, 1978.

GARCEZ, M. H. N. Acerca das designações dos agentes em "Amor de Perdição. Colóquio/Letras, Lisboa, n. 125-126, p. 15-24, jul. 1992. Disponível em: <http://coloquio.gulbenkian.pt/bib/sirius.exe/getrec?mfn=6480&_template=singleRecord>. Acesso em: 24 jun. 2014.

_____. Do desconcerto e do concerto do mundo em Os Lusíadas. Camoniana, São Paulo, v. 5, p. 57-66, 1982.

_____. O alargamento da razão na literatura de viagens do século XVI. Via Atlântica, São Paulo, n. 13, p. 219-228, jun. 2009. Disponível em: <http://www.revistas.usp.br/viaatlantica/article/download/50308/54420>. Acesso em: 10 set. 2014.

_____. Trilhas em Fernando Pessoa e Mário de Sá-Carneiro. São Paulo: Moraes, 1989.

GRYPHUS. O vendedor de passados. 2011. Disponível em: <http://www.gryphus.com.br/livro_vendedor.html>. Acesso em: 10 set. 2014.

GUINSBURG, J. (Org.). O romantismo. São Paulo: Perspectiva, 1978.

HAMBURGER, M. A verdade da poesia. São Paulo: Cosac Naify, 2007.

HAUSER, A. Maneirismo. São Paulo: Perspectiva, 1976.

HERNANDEZ, L. L. A África na sala de aula: visita à história contemporânea. São Paulo: Selo Negro, 2005.

HOCKE, G. R. Maneirismo: o mundo como labirinto. São Paulo: Perspectiva, 2005.

KLIMT. G. O beijo. 1908. 1 óleo sobre tela: color.; 180 × 180 cm. Österreichische Galerie Belvedere, Viena.

KUJAWSKI, G. de M. Panorama da Belle Époque. O Estado de S. Paulo, São Paulo, p. 1-2, 6 ago. 1988. Cultura.

LOPES, S. R. A legitimação em literatura. Lisboa: Cosmos, 1994.

MACHADO FILHO, A. da M. Introdução. In: CAMÕES, L. de. Lírica. Belo Horizonte: Itatiaia, 1982.

MARTINS, F. C. O modernismo em Mário de Sá-Carneiro. Lisboa: Estampa, 1994.

MEDEIROS, M. de F. V. de. O neo-realismo português e o romance de 30 do Nordeste. Dissertação (Mestrado em Cultura Luso-Brasileira) – Universidade dos Açores, Ponta Delgada, 1997. Disponível em: <http://docs.paginas.sapo.pt/literatura_comparada/medeiros1997.pdf>. Acesso em: 27 mar. 2014.

MELO NETO, J. C. de. Obra completa. Rio de Janeiro: Nova Aguilar, 1995.

MOISÉS, C. F. Viagens na minha terra, viagens em terra estranha. São Paulo: Nova Alexandria, 1992.

NUNES, B. Passagem para o poético. São Paulo: Ática, 1992.

OLIVEIRA, J. J. de. A poesia contemporânea nos países africanos de língua portuguesa. Revista Augustus, Rio de Janeiro, v. 14, n. 27, p. 21-27, fev. 2009. p. 22. Disponível em: <http://apl.unisuam.edu.br/augustus/pdf/rev_augustus_ed%2027_02.pdf>. Acesso em: 27 mar. 2014.

LITERATURA ESTRANGEIRA EM LÍNGUA PORTUGUESA

ONDJAKI. AvóDezanove e o segredo do soviético. São Paulo: Companhia das Letras, 2009.

ORFEU. Lisboa, jan./mar. 1915.

PADILHA, L. C. Entre voz e letra: o lugar da ancestralidade na ficção angolana do século XX. 2. ed. Niterói: EdUFF; Rio de Janeiro: Pallas Editora, 2007.

PAREYSON, L. Os problemas da estética. São Paulo: M. Fontes, 1997.

PAZ, O. O arco e a lira. Rio de Janeiro: Nova Fronteira, 1982.

PEIRUQUE, E. Entre o real e o imaginário: história, literatura e identidade. Eutomia, Recife, v. 1, n. 1, p. 266-282, jul. 2008. Disponível em: <http://www.revistaeutomia.com.br/volumes/Ano1-Volume1/literatura-artigos/Elisabete-Peiruque-UFRS.pdf>. Acesso em: 11 set. 2014.

PESSOA, F. Carta a Adolfo Casais Monteiro. 13 jan. 1935. Disponível em: <http://arquivopessoa.net/textos/3007>. Acesso em: 10 set. 2014.

_____. Cartas. Lisboa: Assírio & Alvim, 2007a. (Coleção Obra Essencial, v. 7).

_____. Livro do desassossego. Introdução e edição de Richard Zenith. São Paulo: Companhia das Letras, 2002.

_____. Mensagem. Disponível em: <http://www.dominiopublico.gov.br/download/texto/pe000004.pdf>. Acesso em: 10 set. 2014.

_____. Notas para a recordação de meu mestre Caeiro. 1931. Disponível em: <http://arquivopessoa.net/textos/683>. Acesso em: 10 set. 2014.

_____. Obras em prosa. Rio de Janeiro: Nova Aguilar, 1998. (Coleção Obra Essencial, v. 2).

_____. Obra poética. Rio de Janeiro: Nova Aguilar, 1990.

_____. Poesia do eu. Lisboa: Assírio & Alvim, 2006. (Col. Obra Essencial, vol. 2)

PESSOA, F. Poesia dos outros eus. Lisboa: Assírio & Alvim, 2007b. (Coleção Obra Essencial, v. 4).

_____. Prosa íntima e de autoconhecimento. Lisboa: Assírio & Alvim, 2007c. (Coleção Obra Essencial, v. 5).

POUND, E. ABC da literatura. São Paulo: Cultrix, 1989.

PROJECTO VERCIAL. Poesia trovadoresca: cantigas de amor. Disponível em: <http://alfarrabio.di.uminho.pt/vercial/trovador.htm>. Acesso em: 10 set. 2014.

QUENTAL, A. de. Causas da decadência dos povos peninsulares nos últimos três séculos. 27 maio 1871. Disponível em: <http://aulaportugues online.no.sapo.pt/causas.htm>. Acesso em: 10 set. 2014.

QUEIRÓS, E. de. A cidade e as serras. 1901. Disponível em: <http://www. dominiopublico.gov.br/download/texto/bv000081.pdf>. Acesso em: 10 set. 2014.

RAMOS, R. (Coord.). História de Portugal. Lisboa: A Esfera dos Livros, 2009.

RÉGIO, J. Literatura viva. Presença, Coimbra, v. 1, n. 1, 10 mar. 1927.

RIBEIRO, A. et al. Nós, os searistas, pretendemos. Seara Nova, Lisboa, n. 1, p. 1, 15 out. 1921. Disponível em: <http://www.dglb.pt/sites/DGLB/ Portugues/noticiasEventos/Paginas/10Revistas.aspx>. Acesso em: 14 jan. 2015.

RODA VIVA. Mia Couto. Memória Roda Viva, 10 jul. 2007. Entrevista. Disponível em: <http://www.rodaviva.fapesp.br/materia_busca/531/leitura/ entrevistados/mia_couto_2007.html>. Acesso em: 10 set. 2014.

RODRIGUES LAPA, M. (Ed.). Cantigas d'escarnho e de mal dizer dos cancioneiros medievais galego-portugueses. Vigo: Galaxia, 1965.

SÁ DE MIRANDA, F. Eu é um outro: comigo me desavim. Disponível em: <http://www.algumapoesia.com.br/poesia/poesianeto65.htm>. Acesso em: 10 set. 2014a.

_____. O sol é grande. Disponível em: <http://www.algumapoesia.com.br/poesia/poesianeto65.htm>. Acesso em: 10 set. 2014b.

_____. Obras completas. Lisboa: Sá da Costa, 1942.

SÁ-CARNEIRO, M. de. Obra completa. Rio de Janeiro: Nova Aguilar, 1995.

SAID, E. Orientalismo: o Oriente como invenção do Ocidente. São Paulo: Companhia das Letras, 1990.

SAID ALI, M. Versificação portuguesa. São Paulo: Edusp, 1999.

SANTOS, R. P. dos. O ensino de literatura portuguesa: uma releitura de Camilo. In: BUENO, A. de F. (Org.). Literatura portuguesa: história, memória e perspectivas. São Paulo: Alameda Casa Editorial, 2007.

SARAIVA, A. J.; LOPES, O. História da literatura portuguesa. Porto: Porto Editora, 1955.

_____. _____. Porto: Porto Editora, 1982.

SARAIVA, J. A. A tertúlia ocidental. Lisboa: Gradiva, 1995.

SARAIVA, J. H. História concisa de Portugal. Sintra: Publicações Europa-América, 2001.

SARAMAGO, J. Memorial do convento. Rio de Janeiro: Bertrand Brasil, 1999.

_____. O ano da morte de Ricardo Reis. São Paulo: Companhia das Letras, 1994.

SILVA, F. L. O amor em José Matias. In: 150 ANOS COM EÇA DE QUEIRÓS: ENCONTRO INTERNACIONAL DE QUEIROSIANOS, 3., 1997. Anais... São Paulo: Centro de Estudos Portugueses, 1997.

SPINA, S. A lírica trovadoresca. São Paulo: Edusp, 1996.

STEINBERG, V. "No Poema": um paradigma da tessitura poética de Sophia de Mello Breyner Andresen. 139 f. Dissertação (Mestrado em Literatura Portuguesa) – Universidade de São Paulo, São Paulo, 2006. Disponível em: <http://www.teses.usp.br/teses/disponiveis/8/8150/tde-24082007-152926/publico/TESE_VIVIAN_STEINBERG.pdf>. Acesso em: 10 set. 2014.

_____. A "fala perfeita" de Fiama Hasse Pais Brandão: um diálogo íntimo com a realidade. 190 f. Tese (Doutorado em Literatura Portuguesa) – Universidade de São Paulo, São Paulo, 2011. Disponível em: <http://www.teses.usp.br/teses/disponiveis/8/8150/tde-17092012-122751/publico/2011_VivianSteinberg_VCorr.pdf>. Acesso em: 10 set. 2014.

STEINER, G. Gramáticas da criação. São Paulo: Globo, 2003.

TABORDA, T. O vão da voz: a metamorfose do narrador na ficção moçambicana. Belo Horizonte: Ed. da PUCMG, 2005.

VELOSO, C. Língua. In: FERRAZ, E. (Org.). Letra só. São Paulo: Companhia das Letras, 2003.

_____. _____. Intérprete: Caetano Veloso. In: VELOSO, C. Velô. Rio de Janeiro: Phillips, 1984a. Faixa 11.

_____. Podres poderes. Intérprete: Caetano Veloso. In: VELOSO, C. Velô. Rio de Janeiro: Phillips, 1984b. Faixa 1.

VERDE, C. O sentimento de um ocidental. In: _____. O livro de Cesário Verde. Lisboa: Ulisseia, 1999.

WHITMAN, W. Canto de mim mesmo. Lisboa: Assírio & Alvim, 1992.

_____. Folhas de relva. São Paulo: Iluminuras, 2006.

VICENTE, G. Auto da barca do inferno: apresentação e notas Ivan Teixeira. São Paulo: Ateliê Editorial, 2009.

WILSON, E. O castelo de Axel. São Paulo: Cultrix, 1982.

WÖLFFLIN, H. Renascença e barroco. São Paulo: Perspectiva, 1989.

ZENITH, R. (Ed.) Prefácio. In: PESSOA, F. Poesia do Eu. Lisboa: Assírio & Alvim, 2008. (Col. Obra Essencial, vol. 2)

{

bibliografia comentada

Capítulo 1

Além da leitura de cantigas medievais, é importante escutá-las, nos links *indicados no capítulo. O poeta Augusto de Campos traduziu alguns poetas provençais.*

CAMPOS, A de. Mais provençais. São Paulo: Companhia das Letras, 1987.

_____. Verso reverso controverso. São Paulo: Perspectiva, 1988.

Capítulo 2

Para quem quiser aprofundar questões sobre o Renascimento, a cultura popular na Idade Média, o maneirismo e o barroco, recomendamos:

AUERBACH, E. A novela no início do Renascimento: Itália e França. São Paulo: Cosac Naify, 2013.

BAKTIN, M. A cultura popular na Idade Média e no Renascimento. São Paulo: Hucitec, 1987.

CHARTIER, R. (Org.). História da vida privada: da Renascença ao Século das Luzes. São Paulo: Companhia das Letras, 2009.

HAUSER, A. Renascença, maneirismo, barroco. In: _____. História social da arte e da literatura. São Paulo: M. Fontes, 2000.

Maneirismo: a crise da renascença e o surgimento da arte moderna. São Paulo: Perspectiva, 1976.

HOCKE, G. Maneirismo: o mundo como labirinto. São Paulo: Perspectiva, 2005.

São obras que trazem uma abordagem filosófica desses assuntos:

BENJAMIN, W. Origem do drama barroco alemão. São Paulo: Brasiliense, 1984.

WÖLFFLIN, H. Renascença e barroco. São Paulo: Perspectiva, 1989.

Recomendamos também os livros de história que abrangem nossos estudos até aqui:

CHARTIER, R. (Org.). História da vida privada: da Europa feudal à Renascença. São Paulo: Companhia das Letras, 2009.

GINZBURG, C. O queijo e os vermes. São Paulo: Companhia das Letras, 2006.

Esse livro de Ginzburg transita entre a Idade Média e a Idade Moderna. É a história de um herege do século XVI que é resgatado do esquecimento, uma história das mentalidades.

Sobre questões da poética clássica, sobre a lírica, a tragédia e a epopeia, recomendamos:

ARISTÓTELES. A arte poética. In: ARISTÓTELES; HORÁCIO; LONGINO. A poética clássica. São Paulo: Cultrix, 1981.

Sobre Luís de Camões, é importante conhecer melhor sua obra. Há edições anotadas, facilitando a compreensão sem perder a profundidade dos poemas. Há duas edições da Lírica, uma publicada pela Edusp e pela Itatiaia e outra publicada pela Ediouro (procure ainda na internet outras edições, também em relação a Sá de Miranda).

CAMÕES, L. de. Lírica. São Paulo: Edusp; Belo Horizonte: Itatiaia, 1982.

_____. _____. Rio de Janeiro: Ediouro, 1997.

O épico Os Lusíadas tem coedição Edusp e Itatiaia. Há outra edição, pela Ateliê, comentada, com os melhores trechos, além de outra edição completa, uma boa edição escolar, publicada pela Porto Editora.

CAMÕES, L. de. Os Lusíadas. Porto: Porto Editora, 1983.

_____. _____. São Paulo: Edusp; Belo Horizonte: Itatiaia, 1980.

_____. _____. São Paulo: Ateliê Editorial, 1991.

Capítulo 3

Para aprofundar questões sobre o romantismo, sugerimos:

DUARTE, P. Estio do tempo: romantismo e estética moderna. Rio de Janeiro: J. Zahar, 2011.

Outro livro recomendado para se compreender esse período é:

GUINSBURG, J. (Org.). **O romantismo.** São Paulo: Perspectiva, 1978.

Nesse livro há um ensaio de Benedito Nunes, "A visão romântica" (p. 51-74), importante para compreendermos a importância que se deu ao conhecimento da natureza e à afirmação do indivíduo, colocando em discussão o estado da arte e a situação do poeta e do artista.

Capítulo 4

O filósofo Walter Benjamin escreveu vários ensaios sobre Baudelaire, o que seria útil em sua análise, além de ser imprescindível para entender a literatura moderna. Recomendamos:

BENJAMIN, W. Paris do 2º Império – a Modernidade. In: _____.
Charles Baudelaire, um lírico no auge do capitalismo. 2. ed. Rio de Janeiro:
Brasiliense 1994. (Obras Escolhidas, V. III).

BRADBURY, M.; MCFARLANE, J. **Modernismo:** guia geral. São Paulo:
Companhia das Letras, 1999.

Este último é um guia, como o nome diz, que esses autores organizaram. Há estudos sobre a natureza do modernismo, sobre o clima intelectual, sobre os movimentos literários, sobre a poética lírica, o romance e o teatro. É um guia amplo e profundo em todas as abordagens.

ARGAN, G. C. **Arte moderna.** São Paulo: Companhia das Letras, 1996.

Trata-se de um estudo sobre o modernismo de uma perspectiva das artes visuais, relacionando os intelectuais, escritores e artistas plásticos.

Para estudos sobre autores da Belle Époque e as poéticas do final do século XIX, como material teórico recomendamos:

WILSON, E. O castelo de Axel. São Paulo: Cultrix, 1982

_____. _____. São Paulo: Companhia das Letras, 2004.

Como narrativas, recomendamos:

HUYSMANS, J.-K. Às avessas. São Paulo: Companhia das Letras, 1987. SCHNITZLER, A. Breve romance de sonho. São Paulo, Companhia das Letras, 2000.

Como filme, nas artes visuais, recomendamos:
DE OLHOS bem fechados. Direção: Stanley Kubrick. Inglaterra: Warner Bros., 1999. 159 min.

Para estudos mais específicos sobre a literatura e, principalmente, sobre as poéticas de Sophia de Mello Breyner Andresen e de Fiama Hasse Pais Brandão, recomendamos:

STEINBERG, V. "No Poema": um paradigma da tessitura poética de Sophia de Mello Breyner Andresen. 139 f. Dissertação (Mestrado em Literatura Portuguesa) – Universidade de São Paulo, São Paulo, 2006. Disponível em: <http://www.teses.usp.br/teses/disponiveis/8/8150/tde-24082007-152926/publico/TESE_VIVIAN_STEINBERG.pdf>. Acesso em: 10 set. 2014.

A partir da poética de Sophia de Mello Breyner Andresen foram abordadas questões fundamentais da Modernidade, como o estudo da linguagem, o silêncio e o distanciamento do sujeito poético.

STEINBERG, V. A "fala perfeita" de FiamaHasse Pais Brandão: um diálogo íntimo com a realidade. 190 f. Tese (Doutorado em Literatura Portuguesa) – Universidade de São Paulo, São Paulo, 2011. Disponível em: <http://www.teses.usp.br/teses/disponiveis/8/8150/tde-17092012-122751/publico/2011_VivianSteinberg_VCorr.pdf>. Acesso em: 10 set. 2014.

Trata-se de um estudo da poética de Fiama Hasse Pais Brandão, poeta portuguesa moderna, escritora que vê a realidade e o real de maneira íntima e aborda questões pertinentes ao modernismo.

Tanto os livros de Fernando Pessoa quanto os de Mário de Sá-Carneiro são bastante fáceis de encontrar, porque estão em domínio público. Existem desde edições baratas, vendidas em bancas de jornal, até edições sofisticadas. Há a Obra poética e as Obras em prosa, da editora Nova Aguilar, e ainda os volumes publicados pela editora Companhia das Letras, que se propõem a versão definitiva da obra de Pessoa. Quanto à obra de Mário de Sá-Carneiro, há a edição da Nova Aguilar, Obra completa, com a obra poética e em prosa. Vale a pena ler tudo o que puder desses dois poetas.

PESSOA, F. **Obras em prosa**. Rio de Janeiro: Nova Aguilar, 1998. (Coleção Obra Essencial, v. 2).

_____. **Obra poética**. Rio de Janeiro: Nova Aguilar, 1990.

SÁ-CARNEIRO, M. de. **Obra completa**. Rio de Janeiro: Nova Aguilar, 1995.

Quanto aos poetas portugueses mais jovens, há pouco material editado no Brasil. Há uma antologia da poeta Sophia de Mello Breyner Andresen:

ANDRESEN, S. de M. B. Poemas escolhidos. São Paulo: Companhia das Letras, 2004.

Há também uma antologia de Eugénio de Andrade:

ANDRADE, E. de. Poemas de Eugénio de Andrade. Seleção e notas de Arnaldo Saraiva. Rio de Janeiro: Nova Fronteira, 1999.

De Herberto Hélder, há uma versão de sua obra completa até 2006 e uma antologia:

HÉLDER, H. Ou o poema contínuo. São Paulo: A Girafa, 2006.

HÉLDER, H. O Corpo. O Luxo. A Obra. São Paulo: Iluminuras, 2000.

Há também uma antologia e um livro de Gastão Cruz:

CRUZ, G. A moeda do tempo e outros poemas. Rio de Janeiro: Língua Geral, 2009.

Destacamos, ainda, a obra de Luíza Neto Jorge:

JORGE, L. N. 19 recantos e outros poemas. Rio de Janeiro: 7 Letras, 2008.

Quanto às obras em prosa, encontramos mais material. Os livros de José Saramago estão sendo publicados pela Companhia das Letras; os de António Lobo Antunes também pela Alfaguara, pela Objetiva e por outras editoras. Há autores mais jovens que vieram, por exemplo, participar da Feira Internacional de Literatura de Paraty (Flip), como Valter Hugo Mãe, vencedor do Prêmio Literário José Saramago em 2007, e Gonçalo M. Tavares, vencedor do Prêmio Portugal Telecom, em 2007, e do José Saramago, em 2005.

Capítulo 5

Para aprofundar questões sobre o colonialismo, sugerimos a leitura de:

SAID, E. Orientalismo: o Oriente como invenção do Ocidente. São Paulo: Companhia das Letras, 1990.

Embora o autor não se refira à África, seu olhar para a problemática do colonialismo é incontornável.

Em relação às literaturas africanas de língua oficial portuguesa, consultamos principalmente estudos de Maria Nazareth Soares da Fonseca, Terezinha Taborda Moreira, Carmem Tindó Secco, Laura Cavalcante Padilha e Rita Chaves. Em relação à história relacionada à literatura, pesquisamos, sobretudo, as autoras Josilene Silva Campos e Leila Leite Hernandez.

Há outros autores fundamentais dos países africanos lusófonos e é importante que nos dediquemos a eles:

+ **Paulina Chiziane (1955)**, de Moçambique – com seu primeiro livro, *Balada de amor ao vento*, editado em 1990, tornou-se a primeira mulher moçambicana a publicar um romance.
+ **Pepetela (1941), Luandino Vieira (1935) e Ondjaki (1977)**, de Angola;
+ **Manuel Lopes (1907-2005) e Germano Almeida (1945)**, de Cabo Verde; **Eduardo White (1963-2014)**, de Moçambique (poeta), autor de *Amar sobre o Índico* (1984), *Poemas da Ciência de Voar e da Engenharia de Ser Ave* (1992), *Janela para Oriente* (1999) ou *O Manual das Mãos* (2004).

O site Amálgama selecionou dez obras fundamentais de autores africanos de língua portuguesa. Vale a pena conferir essa lista; além disso, faça suas pesquisas próprias.

BRINCHER, S. Literaturas africanas de língua portuguesa: 10 obras fundamentais. Amálgama, 22 nov. 2010. Disponível em: <http://www. amalgama.blog.br/11/2010/literaturas-africanas-de-lingua-portuguesa/>. Acesso em: 25 jun. 2014.

Recomendamos ainda a tese de Maria do Carmo F. Tedesco e o artigo de Cândido Rafael Mendes, ambos os textos sobre a literatura de Moçambique.

TEDESCO, M. do C. F. Narrativas da moçambicanidade: os romances de Pauline Chiziane e Mia Couto e a reconfiguração da identidade nacional. 228 f. Tese (Departamento História) – Universidade de Brasília, Brasília, 2008. Disponível em: <http://bdtd.bce.unb.br/tedesimplificado/tde_arquivos/33/TDE-2009-02-04T121320Z-3597/Publico/2008_MariadoCarmoFTedesco.pdf>. Acesso em: 10 set. 2014.

MENDES, R. C. José Craverinha e Paulina Chiziane: identidades questionadas, moçambicanidades revisitadas. 2007. Disponível em: <http://www.ueangola.com/criticas-e-ensaios/item/334-josé-crave rinha-e-paulina-chiziane-identidades-questionadas-moçambicanida des-revisitadas>. Acesso em: 10 set. 2014.

{

respostas

um

Atividades de autoavaliação

1. d
2. c
3. c
4. d
5. b

dois

Atividades de autoavaliação

1. d
2. b
3. a
4. c
5. d

três

Atividades de autoavaliação

1. a
2. b
3. c
4. b
5. a

quatro

Atividades de autoavaliação

1. a
2. c
3. b
4. d
5. b

cinco

Atividades de autoavaliação

1. c
2. b
3. d
4. b
5. d

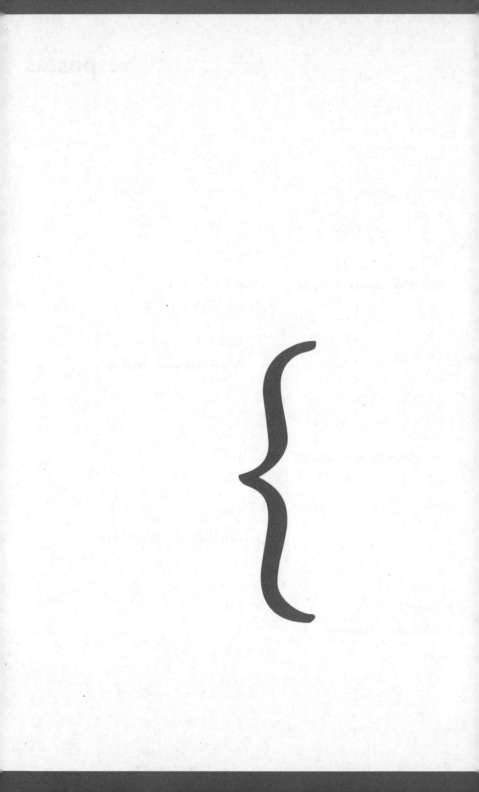

sobre a autora

❡ VIVIAN STEINBERG É paulistana, bacharel e licenciada em Letras pela Universidade de São Paulo (USP), mestre em Literatura Portuguesa e doutora em Literatura Portuguesa pela mesma instituição. Suas pesquisas são dedicadas à literatura portuguesa moderna e contemporânea. Estudou duas poetas contemporâneas portuguesas: Sophia de Mello Breyner Andresen e Fiama Hasse Pais Brandão.

Em 2009, morou em Portugal para desenvolver partes de sua pesquisa em literatura portuguesa, na Universidade de Lisboa. Desde o mestrado contou com bolsas da Coordenação de Aperfeiçoamento de Pessoal de Nível Superior (Capes), do Conselho Nacional de Desenvolvimento Científico e Tecnológico (CNPq) e do Santander. Em 2012, fez uma pesquisa em Portugal com editores, pesquisadores, professores e escritores sobre a literatura portuguesa para publicação de autores portugueses no Brasil. Também escreve ensaios para revistas especializadas e outras publicações. Participou ainda como consultora pedagógica de projetos para estudos sobre a leitura no Estado de São Paulo, destinados a professores da rede de ensino, em parceria com a Organização dos Estados Ibero-Americanos para a Educação, a Ciência e a Cultura (OEI).

Este produto é feito de material proveniente de florestas bem manejadas certificadas FSC® e de outras fontes controladas.

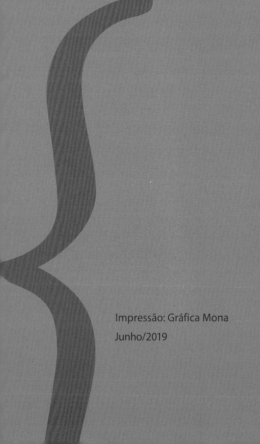

Impressão: Gráfica Mona
Junho/2019